어른의 말습관

어른의 말습관

나를 지키고 사람을 얻는 성숙한 말과 태도

김진이 지음

다른
상상

들어가며

나의 말은 안녕한가요?

문득 궁금합니다. 나의 말이 아무 탈 없이 평온한지요. 입 밖으로 나왔던 순간의 말들을 돌이켜보겠죠. 그때 만난 이들의 잔상도 파노라마처럼 스쳐 지나갈 겁니다. 어느 날은 온당한 맑음이었고, 어떤 날은 부당한 흐림이었겠죠. '내 탓이야'라며 자책하자는 것도, '네 탓이야'라며 면죄부를 받잔 것도 아닙니다. 그저 '나의 말'에 떳떳하길 바라는 마음입니다. 안도감 따라 더 나은 시공간을 펼칠 수 있도록요.

'말 때문에 속상한 나날들'에서 벗어나 '말 덕택에 괜찮은 나날들'을 구현하듯 써 내려간 책입니다. 거창하죠. 그토록 간절했습니다. 저는 우리의 삶에서 '말 잘하는 것'을 넘어서 '잘 말하는 것'은 가치 있는 숙원사업이라 믿거든요. 나의 말이 일상을 단단하게 지켜줄 필수 불가결한 재료가 되어줄 거라고도 믿습니다. 한 사람의 인생을 바꾸고, 한 조직의 명운을 좌우하고, 한 나라의 흥망을 결정하는 게 '말 한마디'인 걸 이미 아는 우리입니다. 말하기가 개인 경쟁력이 되는 건 물론이거니와 고유의 평판을 만들어내는 요소죠. 갈수록 더한 듯합니다.

그렇다면 잘 말하기 위해서는 무얼 해야 할까요? 할 게 넘칠 수도, 딱히 없을 수도 있어요. 명쾌하지 않은 아득한 힌트만 전할 수도 있죠. 사실 어렵습니다. 증명된 법칙으로만 설명할 수 있는 영역이 아니죠. 시간과 공간, 사람과 상황, 시대와 문화에 따라 나눈다고 해도 어려워요. 설사 그리해도 달라질 가능성이 농후하죠. 그래서 말하기 분야에서는 누구든 졸업 없는 학습자가 됩니다. 긴 레이스에 묵묵히 임하는 태도가 필수죠. 눈치를 보며 굳은 모양새가 아니라 관망을 하듯 내려놓는 모습을 갖추는 것부터가 시작입니다. 미리 힘 빼지 말자고요. 평생을 할 터이니.

먼저 나의 말을 돌봐야 합니다. 그래야 남의 말을 잘 소화해내고 휘청이지 않을 수 있습니다. 내진 설계가 잘 되어 있는 튼튼한 건물처럼요. 어쩌면 모두를 위한 일입니다. 내 안에서 요동치는 감정들을 차분하게 다스려 고이 내보내는 성숙한 마음가짐이 필요해요. 한마디로 '어른스럽게' 말이죠.

언젠가부터 '어른스럽게'란 말이 고유명사처럼 쓰이고 있습니다. 처음엔 그러지 못한 사회를 살고 있단 방증인 듯해 씁쓸하기도 했지만 이제는 '인연의 끈이 느슨한 시대에, 혼자가 익숙한 시대에 강조할 수밖에 없겠구나' 하고 생각합니다. 또, 어른스럽게 말하고 행동하는 것을 자연스레 터득하는 시대가 아닌 각을 잡고 배우는 시대가 도래했구나 싶습니다. 그 안에서 이 책도 조금의 일조를 하길 소망합니다.

그렇게 '나의 말'은 신경을 쓸수록 나아질 겁니다. 확신합니다. 완벽한 말쟁이는 세상 어디에도 없어요. 어제보다 오늘이 나은 달변가가 존재할 뿐이죠. 벽을 바라보고 하는 혼자만의 훈련도, 다른 사람과 눈을 맞춰보는 일상적인 경험도 좋습니다. 연습이 습관이 되고, 노력이 진심이 된다면 성숙하고 단단한 말들이 내 삶을 지탱해줄 것입니다.

시대를 예측하는 송길영 빅 데이터 전문가는 "모든 건 체인 리액션"이라고 말했습니다. 동감합니다. 모든 관계는 '나'와 '너'가 만드는 합작품이죠. 진심을 다해 존중하는 현장에서는 서로가 평화롭습니다. 이때 '나의 말'과 '너의 말'이 긴요한 매개체가 됩니다. 한쪽만 노력해서 가능한 일이 아닙니다. 입맛에 맞는 상대를 일일이 선별할 수도 없습니다. 그러니 이 책을 집어 든 나부터 해보는 게 맞는 순서일 거예요. 그때마다 책 속의 말들이 소소한 지침이 될 수 있길 바랍니다. 끝으로 가끔 생각이 나면 행복의 주문을 읊듯 스스로 물어봐주세요.

나의 말은 안녕한가요?

김진이

차 례

4장

관계가 돈독해지는 말습관

5장
성숙하게 감정을 다스리는 말

1장

매일매일 내가 하는 말도 무르익어야 한다

말 사이에
디딤돌을 놓는다는 것

익어가는 말에는 보살핌이 있다. 시간이 갈수록, 하면 할수록 깊어진다. 한마디로 말을 잘하는 사람은 자기 언행을 부지런히 들여다본다. 나 자신은 물론이고 상대방이나 제삼자가 들었을 때도 괜찮을지 살핀다. 중요한 자리일수록 편견에 치우친 것은 아닌지 신경 써야 한다. 내가 경험해왔던 일상, 만났던 사람들, 맡았던 업무들은 '옳다고 믿게 되는 생각'을 만들어낸다. 고정관념이 생기는 것이다. 잘못된 것은 아니다. 개인을 이끌어주는 신념이 되기도 하고, 타인과 구별되는 개성이나 정체성이 되기도 한다. 그러나 나의 상식과 남의 상식은 다를 수 있다. 나의 상식은 고정된 상수가 아닌 달라질 수 있는 변수임을 인정하자. 스스로 언행을 유연하게 기름칠할 수 있는 마법의 한마디를 제안한다.

"그럴 수도 있겠다."

나의 마음을 내어주는, 상대방을 헤아려주는 마법의 한마디, 이 말이 주는 넉넉한 여유가 참 좋다. 어마한 도덕주의자나 대단한 휴머니스트가 아니어도 할 수 있다. 다만 자기인식에 인색하지 않은 사람만이 가능하다. 자기인식이란 사람과의 관계에서 내가 어떤 성향인지 겸손한 태도로 돌아보는 것을 의미한다. 카피라이터 출신으로, 책 《내가 가진 것을 세상이 원하게 하라》를 쓴 최인아 작가는 "사람은 자기 안에서 생기는 일의 10%만 인지하고 나머지 90%는 무의식 속에 살고 있다"라고 말했다. 나의 옳음은 절대적이지도 않고, 전부도 아니란 의미다. 지금의 '아니다'가 훗날 '맞다'가 될 수도 있고, 현재의 '옳다'가 언젠가 '그르다'가 될 수도 있다. 그 과정에서 "그럴 수도 있겠다"가 디딤돌을 놓아준다.

자기인식을 잘하는 사람은 자기 객관화에 익숙하다. 요즘에는 '메타인지(Metacognition)'라는 용어와 함께 쓰는데, 자기 생각을 판단하는 능력을 뜻한다. 모든 것이 남의 탓이라는 좁고 편향된 생각을 품기 전에 '그럴 수도 있겠다'라는 넓고 유동적인 생각을 시작점으로 두자. 내재한 마음에서 묻어나올 말과 행동도 마찬가지다.

스스로가 더 나은 사람이 되는 것은 물론이고 타인에게 갈 피해도 줄일 수 있다.

나에게도 자기인식을 중요하게 여기게 된 결정적 계기가 있다. 5년 전, '비즈니스를 위한 첫 만남은 어겨도, 늦어도 안 된다'는 나만의 철칙이 있었다. 첫인상이 중요한 첫 만남에 지각은 굉장한 실례라고 생각했다. 지각하는 파트너와 일하는 건 어렵겠노라고 마음속에 탕탕탕 못 박아놨다.

그런데 당시 나와 만나기로 약속한 대표는 약속 시간이 50분이 지나도 오지 않았다. 연락도 되지 않아 화가 난 내가 막 자리를 떠나려는데, 그녀가 나타나 나를 붙잡았다. 그녀의 오른손에는 붕대가 감아져 있었다. 일그러진 내 표정을 읽었는지 그녀는 사과하며 자초지종을 설명했다. 지하철 계단을 내려가다가 넘어져 손목을 삐었고, 휴대전화 액정도 깨져 연락할 수 없었다는 그녀. 증거물 제출하듯 왼손으로 힘겹게 가방을 뒤져 고장이 난 휴대전화를 보여주는데 민망하고 미안했다. 이후 5년이 넘는 시간 동안 업무 파트너로 간간이 호흡을 맞추고 있다. 일하면서 한차례 예외도 없는 완벽한 프로라 많이 배운다. 사람마다 각자의 사정이 있을 수 있다고 당시 내 안에서 딱딱하게 고정해놓은 관념을 부드럽게 풀어놓게 된 계기였다.

이후 지각하는 사람에 대한 시선도 한결 너그러워졌다. 물론 습관적 지각은 문제지만 예외가 적용되어야 하는 상황들이 존재한다는 걸 깨달았다. 학교에서 지각한 학생들을 다그치기 전에 왜 늦었는지부터 묻는다. 지하철 파업 여파로, 강아지가 아파서 입원시키느라, 바뀐 강의실을 조교가 잘못 전달해서 등 참 다양하다. 누구라도 어쩔 수 없는 상황들이다. 그전에는 엄격을 가장한 오해로 상처를 줬을지도 모른다. 정중히 사과하고 싶다.

제59회 백상예술대상 시상식 대상 수상자 배우 박은빈의 소감이 오랜 시간 화제였다. 드라마 〈이상한 변호사 우영우〉의 천재 자폐 변호사 우영우를 연기하면서 배우로서 끊임없이 해왔던 자기인식과 자기 객관화를 고백해 고운 마음이 더 빛났다.

"친절한 마음을 품게 할 수 있기를, 고유한 특성들을 다름으로 인식하지 않고 다채로움으로 인식할 수 있기를 바라며 연기했습니다. 저를 스쳐가는 생각들이 편견이 아닌지 매 순간 매시간 검중했습니다."

　내 생각에서 비롯된 말과 행동을 멀찌감치 관찰하는 이 과정은 누군가에게는 두려울 수 있다. 다만 영원히 잘못된 판단에서 허우적대는 것보다는 백 번이고 천 번이고 맞다. 성숙한 마음으로 시작하는 한마디 '그럴 수도 있겠다'를 기억하자. 나의 말이 끓일수록 맛있는 찌개처럼, 짜낼수록 고소한 참기름처럼 한층 깊어질 것이다.

첫마디가
첫인상이 될 수 있다

"한국인이면 '아니, 근데'를 쓰지 않고서는 문장을 시작할 수 없는 것 같아요."

SNS에 올라온 한마디가 화제였다. 큰 공감을 얻은 이 글은 삽시간에 퍼져 나갔고 수만 명이 공감했다. 공통된 반응은 '고치려고 하는데 잘 안된다'였다. 이후 '아니, 근데'가 왜 이리 일상 속 대화에 많이 쓰이는 것인지에 대한 기사까지 나왔으니 많은 이가 인지하고 인정하고 있다는 게 증명된 셈이다.

'아니, 근데'는 언어학적으로 담화표지(Discourse Markers)라고 볼 수 있다. 책이나 잡지를 펼칠 때 표지 디자인을 보고 열지 말지를 판단하듯, 말의 시작을 잇는 이 말들에는 사실 큰 의미가 있는 것은 아니다. 다만 화자와 청자의 의사소통을 도울 수도, 초를 칠 수도 있을 노릇이다. 대수롭지 않아 보여도 때때로 말하는 사람의 의도나 감정이 담화표지에 고스란히 묻어나기 때문이다.

흥미로운 건 '아니, 근데'는 부정적인 의도가 들어 있는 건 결코 아니라는 것이다. 말의 시작에 주의를 집중하게 만드는 매개체이자 말의 중간에 화제를 바꾸는 완충재가 된다. 더불어 발언권까지 획득할 수 있으니 남용하지만 않는다면 크게 문제 될 일은 없어 보인다.

언어 전문가들 또한 이러한 담화표지에 대한 인식이 비교적 너그럽다. 국립국어원 관계자는 "발언권을 남에게 넘기지 않고 생각할 시간을 벌려는 의도"로 쓸 수 있다고 했고, 박철우 안양대 국어국문학과 교수와 김성도 고려대 언어학과 교수는 "상대방의 말에 공감하고 동조하고 놀라는 걸 보여주는 한국인 특유의 교감 기능이다"라고 부연했다. 그러나 과하게 쓰면 독이 되는 법이다. 번번이 쓴다면 어떨까? 한 마케팅 회사의 회의를 엿보자.

이 대리 : 오픈 전부터 대중의 이목을 집중시키기 위해서는 온라인에서 계속 이벤트와 이슈를 생성해야 합니다. 그리고 오프라인에서는 브랜드 오픈에 맞춰서 신진 예술가와 협업을 기획할 예정입니다.

구 팀장 : 아니, 근데 이 기획이 효과가 있을까요?

이 대리 : 오픈 당일 라이브 쇼와 매장 내 예술품 전시 등이 있을 예정입니다. 그 자체를 상품화하는 것도 고심 중입니다.

구 팀장 : (뜸을 들이다가) 아니, 근데…

이 대리 : (갑자기 심장이 찌릿하다)

구 팀장 : (웃으며) 아니, 근데, 진짜 좋네요. 계속 들어보죠.

'아니 근데'는 의미로만 떼놓고 보면 결코 호락호락하거나 부드러운 말이 아니다. 상대방의 말을 일단 '아니'라고 부정하고, '근데'라고 딴지를 거는 느낌도 든다. 대들거나 반박하려는 의지가 슬쩍 비치기도 한다. 때에 따라 익살스럽거나 유쾌하게 여겨질 수도 있지만 그건 절친한 사이일 때나 가능할 일이다.

친구 1 : 아니, 근데 엠티를 또 가는 게 말이 돼?

친구 2 : 아니, 근데 왜? 다녀와도 되지. 난 좋은데.

친구 1 : 아니, 근데 올해 초에 다녀왔잖아. 우리 곧 졸업이고.

친구 2 : 아니, 근데 뭐 굳이 그런 걸 따져?

'아니, 근데'를 말하지 않고는 대화가 불가할 정도다. 누군가 새로운 인물이 합류한다면 '아니, 근데'가 심하게 들릴지도 모른다. 어떤 대화든 '아니, 근데'를 지르고 말하는 사람이라면, 어떤 상황이든 '아니, 근데'라고 내뱉고 생각을 시작하는 사람이라면, 어떤 상대든 '아니, 근데'라고 쏟고 패를 가져오는 사람이라면 경계할 게 있다. 아무 말 대잔치를 만드는 경거망동한 사람 혹은 마음을 콕콕 쪼는 긴장되는 사람으로 인식될 수도 있다는 거다.

숨이 턱 막히는 뜨거운 여름 낮보다는 숨 쉴 만한 시원한 여름밤이 낫고, 살을 에는 겨울밤보다는 따스한 볕이 드는 겨울 낮이 낫다. 말을 시작할 때도 그렇다. 모든 말을 '아니, 근데'로만 받아친다면 눌리는 무게감과 갈피를 잡을 수 없는 긴장감에 아예 입을 닫고, 마음의 문도 닫힐 수 있다. 책이나 잡지의 표지를 보고 첫 이미지가 각인되는 것처럼, 담화표지라 부르는 '아니, 근데'라고 시작하는 첫마디도 첫인상의 결정타가 될 수 있다는 사실을 기억하자.

어휘력을 통해
세계가 확장된다

자주 말문이 막힌다면 스스로 어휘력을 돌아볼 필요가 있다. 말할 때 어휘를 풍부하게 구사하는 힘이 있는가? 질문을 쉽게 바꿔보자. 대화할 때 말하고자 하는 단어가 잘 떠오르는가? 'No'라고 대답한 이들이라면, "그거를 뭐라고 하지?"란 말을 해본 기억이 있을 것이다. 분명 아는 단어인데 바로 떠오르지 않고 혀끝에서만 맴도는 답답한 상황도 마주쳤을 것이다. 머릿속에 콱 박혀 있지 않아 그렇다. 김영하 작가는 한 예능 프로그램에서 '작가는 단어를 수집하는 사람'이라고 말했다. 그 말 그대로 그는 방송 내내 늘 메모장을 들고 다니며 새로운 단어를 기록했다. 그 상황, 그 사람에 적절한 단어를 선택해 글을 쓰려면 꼭 해야만 하는 작업이라고 강조했는데, 작가로서의 책무라고 느끼는 걸까. 단어 콜렉터, 단어 낚시꾼이라 불릴 만하다.

언어학자 비트겐슈타인은 "내 언어의 한계는 내 세계의 한계다"라는 말을 남겼다. 작가 조지 오웰 역시 "표현할 단어를 찾지 못하면 어느 순간부터 생각 자체를 하지 못한다"라고 이야기하며 부족한 어휘력이 삶에 부정적인 영향을 미칠 수 있다고 경고했다. 사용하는 어휘의 폭을 늘린다면 지식과 사고의 스펙트럼을 넓혀갈 수 있을 뿐만 아니라 상상력과 창의력까지 불러일으킬 수 있다고 힘주어 말했다. '의미적 읽기' 즉, '문해력'과도 맞닿아 있다. 단어와 고유명사를 비롯해서 동사, 형용사, 접속사도 마찬가지다.

책 《대통령의 글쓰기》 저자이자 대통령의 연설문을 쓰는 비서관 출신인 강원국 교수는 유의어를 찾아보는 습관이 있다. 가령 '말하다'란 동사가 있다면 비슷한 말을 찾아 기록한다. '밝혀내다', '언급하다', '설명하다', '설득하다', '강조하다', '토로하다', '운을 떼다', '반박하다', '공감하다', '설파하다' 등 유의어들을 기록해놓았다가 사람과 상황에 딱 맞는 의미를 골라 쓰는 것이다.

나도 인터뷰를 진행하다 보면 뉘앙스가 미묘하게 다른 말들을 자주 마주한다. 예를 들어, '때문에', '까닭에', '탓에', '덕택에'는 원인을 나타내는 말이지만 조금씩 멋과 맛이 다르다. 특히 '덕택에'는 고마움의 의미까지 더해져 게스트에게 끝인사를 건넬 때 쓴다. '우연히', '뜻밖에', '어쩌다가', '공교롭게'는 모두 뜻하지 않게 일이 생긴다는 말이지만 쓰는 때가 다르다. 특히 '공교롭게'는 부정적인 의미가 있기에 게스트에게 되도록 꺼내지 않는다.

어휘력을 기르는 데 가장 빠르고 손쉬운 방법이 있다. 첫 번째, 모르는 단어를 넘어가지 말고 그 자리에서 찾아보는 것, 두 번째, 마음에 드는 단어를 기록하는 것이다. 노트나 스마트폰 등 어디든 내가 편한 곳에 기록하면 된다. 불현듯 유홍준 교수의 저서 《나의 문화유산 답사기》에서 처음 등장한 이 말이 떠오른다.

"아는 만큼 보인다."

여기에 한마디 덧붙여본다.

"단어를 아는 만큼 보인다."

예를 들어, '올레길'이란 단어를 알게 되었을 때 습득 이상의 새로운 경험까지도 기대할 수 있다. '올레길'은 '산이나 계곡, 바다에 난 길을 연결하여 개발한 산책로'를 뜻한다. 이 단어를 시작으로 전국의 소문난 올레길을 검색할 수도 있고, '제주올레'가 '제주에 올래?'란 초대의 의미를 담고 있다는 걸 알 수도 있다. '산티아고 순례길에서 영감을 얻어 시작된 길'이란 상식을 쌓을 수도 있다. 여행 삼아 직접 걸어볼 수도 있다.

혹은 '올레길'에서 '산티아고 순례길'로 넘어와 '빵지순례'란 신조어를 새롭게 접할 수도 있다. 전국의 유명한 빵집을 찾아다니는 일을 성지순례에 빗대어 이르는 말이다. 빵에 진심이라면 빵지순례길을 따라 전국의 유명 빵집들을 방문해볼 수도 있다. 이렇게 '단어를 아는 것'은 인생을 풍요롭게 만든다. 일상의 영역이 크게, 넓게, 높게 확장된다. 새로운 단어를 하나 알면 그걸 쓰는 사람, 문화, 배경, 세계까지도 이해할 수 있다. 이를 통해 다른 세상을 나에게로 초대하는 낭만적이고도 은밀한 시간을 선사하자.

머릿속에 있는 말을
글로 써보자

"대본을 외울 때는 깜지를 씁니다. 선배들의 대를 이어서요. 기자님들이 어떻게 그렇게 빨리 외울 수 있냐고 종종 물어보시는데요. A4용지에 족보처럼 빼곡히 쓰고, 찍은 신을 잘라내면서 촬영합니다."

tvN 〈슬기로운 의사생활〉에 출연했던 안은진 배우에게 '대본 암기 비법'을 물었더니 이렇게 답했다. 간혹 드라마 비하인드 영상에서 깜지 대본이 등장할 때가 있다. 배우들은 "이렇게 공부했다면 서울대 갔겠다"며 너스레를 떨기도 하는데, 사실 그들은 수십 장 때로는 한 권이 되는 대본집을 통째로 외울 정도로 뛰어난 암기력을 갖추고 있다. 대본에 흐름과 이야기가 있기에 가능한 일이다. 맥락을 숙고해 상황에 맞게 반응하는 연습을 꾸준히 한다. 입 밖으로 꺼내 시연을 하기 전까지 반복해서 단기 기억이 장기 기억으로 넘어갈 수 있도록 하는데 툭 치면 툭 나올 정도까지 도달한다. 배우들에게 외우는 힘은 중요한 요소인 게 틀림없다. 이는 비단 대사를 통해 이야기를 전하고 감정을 표현해 공감을 자아내는 배우들에게만 국한되지 않는다. 우리의 일상에서도 내 말의 주도권을 잡고 싶다면, 성숙한 말하기를 이루고 싶다면 암기력을 스스로 돌아봐야 한다.

'말'은 '글'보다 불안하다. 생각할 틈도, 확인할 겨를도, 돌아볼 여유도 없다. 찰나에 툭 던지고 휙 날려 보낸다. 다행히 글은 익숙하지 않은 정보를 떠올릴 시간도 주어지고, 쓰고 나서 돌아보고, 때로는 고칠 기회까지 있다. 아쉽게도 말은 1초도 안 되는 시간에 머릿속으로 내용을 떠올려야 하고, 바로 입 밖으로 단어를 내뱉으면서 문장을 만들어야 하고, 동시에 다음 것도 준비해야 한다. 흡사 전시상황 같다. 할 말이 떠오르지 않을 때 가장 큰 위기에 봉착한다. 이를 극복하려면 머리 안에 내용을 차곡차곡 쌓아두는 노력밖에 없다. 즉, 내가 말하고자 하는 바를 머릿속에서 나름의 구조로 정리하는 습관이 필요하다.

깜지와 메모는 머릿속에 있는 말을 구조화하고 기억을 오래 지속시키는 데 좋은 방법이다. 충분한 여유가 있다면 문장을 써도 좋고, 촌각을 다투는 상황이면 단어만 끄적거려도 괜찮다. 하고 싶은 말은 많은데 횡설수설하게 된다면 먼저 글로 정리가 필요하다. 머릿속에서 뒤죽박죽 정리가 필요한 내용들을 적어놓고 두 눈으로 읽어보자. 순서가 재배열되어 적재적소에 담길 것이다. 분명히 인지하고 사진처럼 기억해낼 수 있을 것이다.

깜지는 무식해 보여도 강력한 암기 도구다. 학창 시절 역사 시험을 치를 때, 지각해서 벌을 받을 때 깜지를 경험해본 학생이라면 피곤함부터 몰려올 수도 있는데, 효과가 꽤 크다. 반복하면 알 듯 말 듯 했던 내용이 확실한 기억으로 자리 잡게 된다. 주요 키워드부터 적절한 사례까지 내 것으로 만들 수 있다.

메모는 생각을 정리할 때 유용하다. 키워드를 순서대로 적어놓고 단락을 만들어 의견을 써놓는 방법이 일반적이다. 그러나 머릿속에서 정리가 되지 않은 상태라 두서가 없고 실마리가 잡히지 않을 때는 떠오르는 것을 브레인스토밍하듯 나열하거나 그림으로 그려봐도 좋다. 중요한 내용은 색깔 펜으로 그어놓으면 나중에 금방 눈에 띄어 떠올리기 편하다.

써 가면서 기억에 새기는 작업을 꾸준하게 반복하면 어느새 근육이 붙는다. 쉬지 않고 반복적으로 하면 마침내 완성되어 있다. 이 상태로 말을 한다면 근사한 아웃풋이 연출된다. 쉬워 보이지만 아무나 할 수는 없는 행위다. 답답한 머리를 돌려 한 구절 한 구절 직접 써서 정리하고 그걸 다시 머리 안으로 꾸역꾸역 넣어보는 과정은 인내가 수반된다. 마른 입에 퍽퍽한 건빵을 밀어 넣는 것과 같은 텁텁한 순간들도 생긴다. 그러나 이걸 뛰어넘는다면 1초도 안 돼서 하고자 하는 말이 퍼뜩 떠올라 술술술 이어가는 굉장한 말 실력가가 되어 있을 것이다. 기록하고 기억하자. 좋은 말하기는 단단한 글쓰기와 탄탄한 기억력에서 나온다.

어떻게 말하고 싶은가,
내 말을 단련하는 법

"오늘은 '나의 꿈'에 대해 3분 스피치를 합니다."

나는 대학교에서 말하기 과목을 가르칠 때마다 3분 스피치 시간을 갖는다. 한 학기에 두세 차례 꼭 진행하는데, 사실 나조차도 교수자의 입장이라 다행이라고 여겨질 정도다. 학생으로서 현장이 주는 중압감을 미리 맛봤기에. 흔히 3분 스피치 앞에 공포라는 두 글자가 따라붙는다. 일명 '공포의 3분 스피치'. 오싹한 공포체험과 참 닮았다. 손발이 후덜덜 떨릴 정도로 긴장이 되지만 재치 이상의 순발력과 꿋꿋하게 견뎌내는 강단을 동시에 체득할 수 있기에 필수코스다.

3분 스피치는 현장에서 바로 주제를 던져 시간 안에 나의 이야기를 즉흥적으로 전하는 전투적인 말하기 연습 방법이다. 더러는 준비할 시간을 주고, 때로는 바로 진행한다. 누구나 준비할 시간을 갖기를 바란다. 부담도 덜하고 실수도 줄어드니 당연하다. 다만 3분 스피치는 준비 없이 주제를 듣고 바로 말해보는 방식을 권한다. 그 사람의 행동거지, 생활습관, 평소의 말버릇까지 고스란히 드러날 수 있도록. 내 모습, 내 목소리, 내 이야기를 스스로가 들추는 거다. 마주하기 곤란할 만큼 창피하고 낯설고 부끄러울 수도, 은근히 마음에 들 수도 있다.

　　처음에는 그야말로 엉망진창이다. 3분이 지나면 본인이 무슨 말을 했는지조차도 모르겠다는 학생들이 주를 이룬다. 얼굴이 소화기처럼 새빨개지는 경우, 부리나케 도망가듯 자기 자리로 돌아가는 경우, 홀로 블랙홀에 빠진 듯 멍하게 서 있는 경우, 갑자기 처음부터 다시 하겠다고 막무가내로 떼쓰는 경우, 시간이 지났는데도 아랑곳하지 않고 더 말하는 경우. 참 다양하다.

　　예측 불가능한 주제를 사전 준비 없이 하고 나니 발표자의 면면이 고스란히 투영되는 듯하다. 거친 욕이 일상이라면 한 번쯤

비속어나 은어가 튀어나오기도 하고, 부정적인 생각에 차 있다면 '슬프다, 별로이다, 어둡다, 어이없다, 무섭다, 막막하다'와 같은 부정적 표현들이 한가득 실린다. 관심 있는 주제였다면 작두를 탄 듯 훨훨 날아오르듯 이야기하고, 자칭타칭 기분파라면 반응이나 분위기에 취해 신나는 기색이 보이기도 한다.

학생들 또한 처음에는 한사코 거부하지만 두 차례, 세 차례 규칙적으로 반복하면 쪼는 맛을 익숙하게 받아들여 대견하게 적응해낸다. 그럴 자리가 늘 있으면 좋은데, 할 만하면 학기가 끝나서 못내 아쉽다. 대부분 '이제 좀 나아질 것 같은데, 감을 잃으면 어쩌죠?'란 고민을 털어놓는다. 그때마다 나는 '혼자 하는 3분 스피치'를 적극적으로 추천한다. 내 말과 태도를 점검하는 데 이보다 간단하고 알기 쉬운 방법이 없다. 목소리와 말투, 발음을 듣고 싶으면 녹음하고 모습과 표정, 자태가 보고 싶으면 스마트폰으로 녹화하면 된다. 1분, 2분, 3분 이런 식으로 시간을 정해놓고 순간 떠오르는 주제나 관심사에 대해서 무작정 내뱉어보자.

처음에는 짧아 보였던 1분도 채 채우기 어렵다. 한두 문장 입 밖으로 꺼내고 나면 더 할 말이 없을 수도 있다. 반면 3분을 꽉 채

웠는데 쓸데없는 내용만 늘어났을 수도 있다. 괜찮다. 그것을 바탕으로 개선해 나가면 된다. 또, 어떤 말을 덜어내고 어떤 말을 더할 것인지 말의 배치도 고민해볼 수 있다. 중요한 내용을 키워드로 써봐도 좋고, 머릿속으로 연상해봐도 좋다. '말의 구조화' 훈련이 저절로 된다. 이때 'What-Why- How' 기법을 주목하자. 세계적으로 정평이 나 있는 강연회인 테드(TED, Technology Entertainment Design)에서 사이먼 사이넥 컨설턴트가 설파한 이 기법은 무엇을 말하는지, 왜 말하는지, 어떤 내용을 전할 것인지를 생각하며 말할 수 있도록 해준다. 그는 "훌륭한 리더들은 'Why'를 입증하기 위해 힘을 쏟는다. 'Why'부터 접근하면 이 내용을 말하는 이의 목적에 집중하게 되고, 듣는 이도 저절로 몰입된다"고 강조한다.

사실 3분 스피치에서는 'What-Why-How' 순서를 지켜도 좋고, Why부터 강조해도 괜찮다. 이야기의 흐름만 타면 된다. 스스로가 어느 지점으로 도달했고, 어떤 방식으로 나아가야 하는지를 느낄 수 있으면 그만이다. 더불어 3분 스피치가 처음이라면 쉬운 주제를 택하자. 주제는 무궁무진하다. 우선 '나'에 대한 키워드에서 파생되는 주제를 제시해보겠다.

내가 좋아하는 책	나의 장점
내가 좋아하는 향	나의 단점
내가 좋아하는 성격	나의 좌우명
내가 좋아하는 배우	나의 목표
내가 좋아하는 노래	나의 라이벌
내가 좋아하는 영화	나의 MBTI
내가 좋아하는 작가	내가 사랑하는 사람
내가 좋아하는 글귀	내가 존경하는 사람
내가 좋아하는 계절	내가 좋아하는 시간
나의 취미	나에게 특별했던 하루

이외에도 수십 가지 주제를 만들 수 있다. 포털사이트 언론사별 뉴스 영상이나 기사를 보고 정리해 말해보는 연습을 하면 사회적 이슈나 최근 트렌드도 배워나갈 수 있다. 때로는 늦은 밤 DJ가 되어 포근한 잠자리에서 나의 하루를 낮은 목소리로 되뇌어도 되고, 간혹 걷는 길가에서 시인이 되어 마주친 아리따운 꽃을 보고 한 구절 읊조려도 좋다. 말하기는 할수록 반드시 는다. 그동안 머릿속에만 있던 생각들을 3분 스피치를 통해 말로 구현해보자.

‘몸짓은 마음의 지표’
몸이 닫히면 마음도 닫힌다

소개팅에서는 남녀의 신경이 곤두선다. 대화를 하는 동안 상대방의 크고 작은 몸짓에 호감인지 비호감인지 예측한다. 특히 처음 만나고 몇 분 동안은 요동치는 마음을 애써 감추며 미미한 동작 하나에도 크나큰 의미를 부여하게 된다. 감정을 알아보기 위해 격한 에너지를 쓰기 때문에 금방 방전된다. 갈수록 솔직한 모습이 드러날 수밖에 없다. 몸짓은 아무리 가공하고 포장하려 해도 어느 순간이 지나면 흐트러진다. 이때 호감의 몸짓에 대해 알아두면 잘 활용할 수 있다. 이성 간의 관계에 국한하지 말고 처음 만나는 사람과의 관계에도 적용해보자. 좋은 관계를 이어갈 수 있는 바람직한 호감의 몸짓, 일명 하트 시그널 3가지를 제시한다.

하트 시그널 1. 몸을 기울여라

몸의 방향은 마음의 방향이다. 관심이 가면 그 사람 쪽으로 몸을 향하게 된다. 무의식적으로나 의식적으로나 몸의 방향이 상대방에게 향한다는 것은 어느 정도 호감이 있고 존중하고 있다는 증거다. 함께 대화를 나누고 있는 상대방이 상체를 등받이에 과하게 기대어 있다면 관심이 없거나 우위에 서고 싶다는 마음일 수 있다. 혹 갑자기 방향을 비튼다면 무언가 맘에 들지 않는 구석이 있거나 흥미를 잃었다는 의미다. 상대방 몸의 방향은 제어할 수 없지만 내 몸의 방향은 의식해 보여줄 수 있다. 상대방의 마음을 붙들고 싶다면 몸의 방향을 통해 마음의 방향을 은근하게 어필하자. '나의 마음은 당신에게 향해 있어요.'

하트 시그널 2. 눈을 마주쳐라

지하철이나 카페에서 나를 힐끔힐끔 쳐다보는 시선을 느껴본 적이 있는가? 회사나 학교에서 나와 자주 눈이 마주치는 동료를 마주한 적이 있는가? 분명 나에게 관심이 있을 것이다. 이성적으로 다가가고 싶을 수도 있고, 옷차림이나 행동이 달라져서 그럴 수도 있고, 할 말이 있을 수도 있다. 한마디로 신경을 쓰고 있다는 것이다. 상대방의 마음을 붙들고 싶다면 눈을 반복적으

로 바라보자. '나의 시선은 당신에게 머물러 있어요.'

하트 시그널 3. 맞장구를 쳐라

웃긴 이야기에는 박수를 쳐가며 '하하하' 함께 웃고, 슬픈 이야기에는 '그렇구나'로 함께 아파하고, 기쁜 이야기에는 '축하해'로 함께 탄성을 터뜨리고, 화난 이야기에는 '이런'으로 함께 노하면 그뿐이다. 맞장구는 딱히 숨은 법칙이 없다. 적당한 선의 맞장구로 공감하고 경청하다 보면 그 자리에 맞는 색깔로 서서히 물들 수 있다. 상대방의 마음을 붙들고 싶다면 촉각을 세우자. '나의 반응은 당신에게 꽂혀 있어요.'

몸을 기울여, 눈을 맞추고, 맞장구를 쳐보자. 무릇 남녀의 관계뿐 아니라 협상이나 회의에서 강력한 호감 장치가 될 것이다. 그렇게 나의 마음은 이미 읽혔다.

손짓과 자세도
대화의 도구다

"손짓만 보고도 어떤 마음인지 예측할 수 있다. 손을 얼굴 어디에
두는지에 따라 속마음을 엿볼 수 있다."

영국 케임브리지대 마와아무드 교수팀은 대화할 때 손을 얼굴
의 어느 위치에, 어떻게 놓는지에 따라 마음 상태를 추측할 수 있
다고 말한다. 연구의 일환으로 다양한 인종의 대화를 영상으로 찍
어 분석했는데, 손동작만 보고도 감정과 반응을 헤아리기 충분하
다고 한다. 예를 들어, 집게손가락이 눈가에 고정된 채 대화를 듣
는다면 호감과 관심이 있다는 표현, 손가락 하나를 입술에 두고 툭
툭 친다면 불확실과 의심 가는 구석이 있다는 표시, 고개를 살짝

밑으로 숙이고 손을 입술과 턱에 대거나 만지고 있다면 말 대신 생각을 더 해보겠다는 뜻이라고 한다. 또한, 코를 만지거나 코밑을 손가락으로 비빈다면 거짓말, 뒤통수나 목을 손가락으로 긁으면 동의가 어려운 상황이라고 한다. 손으로 자세를 취해보면 어느 정도 맞는 것 같다.

시대에 따라, 세대에 따라, 나라에 따라, 상황에 따라 조금씩 다를 수도 있겠지만 감정과 의사를 표현하는 데 손동작이 확실한 도구가 되어준다는 것은 틀림없다. 대화를 할 때 상대의 손동작을 살피고 내 손동작에도 신경 쓰는 습관을 들이면 소통이 좀 더 원활해질 것이다.

더불어 천장이 높고 공간이 큰 무대에서는 손짓을 활용해 그 분위기를 압도할 수 있다. 장소가 크면 클수록 말하는 연사는 작아 보이기에 손짓을 활용하면 좋다. 가리키기(Pointing), 손바닥 엎기(Palm Down), 손바닥 펴서 보여주기(Palm Up), 이렇게 3가지를 주목하자. 가리키기는 핵심을 찌를 듯 강조할 때 관중들의 집중도를 높이는 효과가 있다. 다만, 한 명을 지목하거나 이 사람 저 사람 가리키며 손가락질을 하면 공격적으로 비칠 수 있다.

전문성을 차분하게 강조하고 싶을 때는 손바닥을 엎어놓으면 단아하고도 정제된 모습이 연출된다. 집중하게 만들거나 강조하고 싶은 것이 있을 때는 기상캐스터처럼 손바닥을 보여주며 이야기하면 된다. 손바닥을 보여주는 것은 나의 진심과 마음을 담아 사력을 다하고 있다는 인상을 심어줄 수 있다. 비언어 전문가 이상은 교수에 따르면 가리키기는 28%, 손바닥 엎기는 52%, 손바닥 펴서 보여주기는 84%의 호감도를 보여줄 수 있다고 말한다. 특히 처음 마주하는 자리이거나 공식적인 석상에서 적극 활용한다면, 친근한 태도를 드러내어 유대관계를 형성하는 데 도움이 된다고 한다. 앞으로 손짓 비주얼을 쌓아 올려 나의 첫 이미지도 근사하게 끌어올리자.

나를 돋보이게 하는
하나의 스토리를 정하자

학창 시절 배웠던 수학 공식은 까먹었지만 선생님의 첫사랑 일화가 생생하게 떠오르는 까닭은? '이야기'라서 그렇다. 당시에 선생님은 약간의 양념을 가미해서 첫사랑 상대와의 러브스토리를 상세하게 풀어놨을 것이다. 두근두근 달콤한 첫 만남부터 갈수록 짠내 나는 이별까지. 진짠지 가짠지 확인할 길은 없지만 어린 학생이었던 우리에게는 첫사랑 이야기가 언제나 흥미로웠다. 감수성이 풍부한 시기의 학생들에게는 따분한 수업시간과 답답한 교실을 벗어나 탁 트인 상상의 나래 속으로 잠시 떠나볼 수 있는 기회였다. 잠자리에 들기 전 '과연 나라면 어땠을까?' 하고 슬쩍 대입해보기도 했을 것이다. 짝사랑하고 있거나, 고백을 앞두고 있거나,

차여본 경험이 있다면 공감이 휘몰아쳐 마음이 울렁이고 눈시울이 뜨거워졌을지도 모른다. 우리는 단어를 통해 생각의 테두리를 넓히고, 이야기를 통해 기억의 나이테를 만든다.

일본의 물리학자이자 작가인 다케우치 사오루의 책 《밤을 세워 준비해 혼을 다해 말했더니 그래서 하고 싶은 말이 뭔데? 라고 들었다》에서는 "인간은 뇌 속에서 그림이 떠오를 때 이해하고 기억할 수 있다. 덧붙여 머릿속 그림이란 건 말하는 이와 듣는 이의 것이 일치해야 하고, 구체적이어야 하며, 친절할수록 좋다"라고 말한다. 화자라면 전달받는 상대방을 충분히 의식해야 하고, 청자라면 내 상황과 비슷한 지점을 최대한 찾아야 한다. 모든 이야기는 얼마나 쉽게 전달하느냐가 관건이다. 그러기 위해서는 내가 전하고 싶은 이야기와 듣는 상대방 사이의 교집합을 찾아내는 센스가 필요하다.

사실 중심으로 설명하는 팩트텔링(Fact Telling)보다는 이야기와 예시를 전하는 스토리텔링(Story Telling)을 사용하길 권한다. 때로는 정확한 사실보다는 구체적인 이야기가 낫다. 내용이 장황해지는 구구절절족이 되더라도, 약간의 비약이 담긴 개똥철학족이 되더라도 괜찮다. 전공자가 아닌 이상에는 아동학대에 대한 세미나보다는 영화 〈미쓰백〉이, 감염병 경고에 관한 논문보다는 영화 〈감기〉가 메시지를 직관적으로 전달하기에 효과적이다. 쉽게 설명하기 위해 나와 주변인의 사례를 꺼내어 봐도 좋고, 사돈의 팔촌이나 어디서 들어봤던 이야기도 좋고, 무언가에 빗대는 것도 좋고, 드라마나 영화의 한 장면을 떠올려도 좋다.

"이런 예를 들 수 있는데요, 저는 ~했는데 친구는 ~라고 말하더라고요, 영화 ○○ 주인공 기억나시죠?"와 같은 사례를 달고 사는 사람이 주변에 있다면 수고스럽게 이야기를 준비해 최대한 이해시키려는 세심한 스토리텔러다.

이때 형용사나 부사보다는 명사를 이용해야 신빙성을 더할 수 있다. 특히 숫자를 적극적으로 애용하자. 예를 들면, "이번 학기 학점이 아주 높아요"보다 "이번 학기 학점은 4.5점 만점에 4.3점입니다. 50명 중에 1등입니다. 아주 잘했어요"라는 칭찬이 확실하고, "이 동네는 참 살기가 좋아졌어요"보다는 "5년 전에 시민의 숲이 생겨 자연쉼터가 생기고, 작년에는 자전거 길이 조성돼 등하교와 출퇴근을 할 수 있게 됐어요"라는 식의 정보가 정확하다.

구체적인 이야기와 정확한 단어를 번갈아 꺼내어 감탄을 자아
낸 스토리텔러로 민병철 교수를 꼽고 싶다. 선플, 즉 좋은 댓글 달
기 운동의 창시자이자 1세대 영어 강사인 민병철 교수가 토크쇼
에 출연했던 적이 있다. 빨려 들어갈 수밖에 없었다. 이야기와 단
어의 향연이었다. 인터뷰 일부를 끼얹해본다.

"민 선생님, 선플 운동을 시작하게 된 계기가 있을까요?"

"2007년 1월, 유명 여가수 한 분이 스스로 세상을 떠난 일이 있
었습니다. 그게 시작이었습니다. 제가 가르치는 학생들에게 숙제
를 줬고, 비수로 꽂히는 나쁜 글이 아닌 용기와 희망을 주는 좋은
글을 달아보게끔 했죠. 놀랍게도 일주일에 댓글 5700여 개가 달렸
습니다. 지금은 전국 7000개 학교에서 선플을 달고 있습니다. 악플
은 사람을 죽일 수도 있고, 선플은 생명을 살릴 수도 있다고 생각합
니다."

"맞습니다. 진짜 기운이 나게 해주는 것은 따뜻한 한마디인 것
같아요. 그런 경험을 했던 적이 있으신가요?"

"그런 기회를 만들려고 스스로 노력하죠. 칭찬할 거리를 늘 찾
습니다. 오늘 분장을 했어요. 분장해주는 분이 잘 해주셔서 이런 말
을 건넸습니다. '내가 받아본 분장 중에서 최고입니다', 5년 전 미국

에서 슈퍼마켓을 간 기억도 나네요. 점원이 빨간 스웨터를 입었는데 참 예뻤어요. 그래서 칭찬을 했더니 '당신의 한마디가 내 오늘 하루를 빛나게 했다(You made my day)'고 답하더라고요."

스토리텔링은 거창한 게 아니다. 적당한 순간에 내가 경험한 이야기 혹은 내가 알고 있는 이야기를 꺼내면 그만이다. 전할 내용이 어렵다면 적절한 비유나 쉬운 예시도 들어보자. 숫자나 명칭까지 정확하게 쓴다면 더 믿음직하다. 그리하여 스토리텔링은 나를 꺼내 보일 수 있는 용기를 장착해 치열하게 준비한 자만이 누릴 수 있는 특권이다.

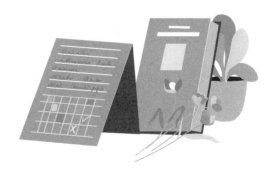

‘부정에서 긍정으로’
말의 패턴을 바꾸자

"지금부터 분홍색 코끼리를 떠올리지 마세요."

"앞으로 이 사과를 건드리지 않는다."

"무대에서 절대 긴장하지 않아요."

"우리는 결단코 불행하면 안 된다."

소리 내 읽어보자. 반대로 생각하고 행동하는 '청개구리 심보'
가 발동한다. 하지 말라니 더 떠오른다. 머릿속에 거대한 핑크빛
코끼리가 그려지고, 내 앞에 사과가 있다면 툭 쳐보고 싶고, 앞으
로 무대에 선다면 왠지 긴장될 것만 같고, 지금 사는 게 불행하다
면 죄의식까지 든다. 아니, '꼭 불행하지 않아야 할 이유라도 있나?'

따지고 싶기도 하다. 이게 인간의 심리다. 미국의 심리학자 샤론 브램은 이를 '리액턴스 효과(Reactance Effect)'로 해석한다. 물리학에서는 전기 저항을 일컫는 용어고, 심리학에서는 금기사항을 더 신경 쓰는 걸 의미하는 용어다.

'마세요', '않는다', '안 된다'는 마음을 불편하게 만든다. 억지로 덮어지지 않는다. 절제도 안 되고 화를 부르기도 한다. 의미가 없는 공허한 외침일 뿐 제대로 힘을 내지 못한다. 사람의 뇌는 부정을 받아들이는 게 어렵다. 하지 말라고 하면 더 사로잡히고 크게 집착하게 된다. 오히려 역효과가 난다. 스스로 하는 다짐도, 누군가에게 하는 요청도 마찬가지다. 부정적인 느낌을 강화하며 진을 뺄 게 아니라 긍정적인 느낌으로 달랠 '말의 연성화(軟性化)'가 시급하다. 연성화는 성질이 부드럽고 무르며 연하게 된다는 의미가 있다. 말의 연성화라 하면 딱딱하고 부정적인 말보다는 부드럽고 긍정적인 말로 바꿔 말하는 것을 뜻한다.

안 된다 ▶ 된다

않는다 ▶ 한다

마세요 ▶ 하세요

‘된다’, ‘한다’, ‘하세요’는 요동치는 감정을 차분하게 하고 긍정 기운을 넣어준다. 쓴 마음의 썰물이 나가고 단 마음의 밀물이 온다. 이 말들을 마음속으로 외친다면 스스로 확신을 줄 수 있고, 누군가에게 건넨다면 자신감을 심어줄 수 있다. 된다는데, 한다는데, 될 수 있다는데, 할 수 있다는 데 힘이 실리는 게 당연한 이치다. 새 도전이나 다음 발판을 호쾌하게 이어 나갈 수 있다.

지각하면 안 된다 ▶ 제때 도착하면 된다

딴짓은 하지 않는다 ▶ 일에 집중한다

늦잠을 자지 마세요 ▶ 일찍 일어나세요

싸우지 말아라 ▶ 잘 지내라

무시하지 말아라 ▶ 존중하라

눈치보지 마라 ▶ 내 생각을 가져라

일에 지친다 ▶ 일을 열심히 했다

걱정하지마 ▶ 괜찮아

못할 거야 ▶ 할 수 있어

내가 뭐라고 ▶ 오직 나라서

걔 때문에 ▶ 걔 덕택에

사소한 일에 신경 쓰지 마라 ▶ 중요한 것부터 신경 써라

이렇게 긍정적인 쪽으로 내 말의 패턴을 바꿔 나가자. 부정적인 쪽에 매몰돼 몸도 마음이 묶여 있다면 그 끈을 스스로 풀고 다시금 일어서자. 부정적인 말들은 될 일도 안 될 일로, 할 일도 못할 일로 만들어 버린다. 우리는 말에 지배당하며 오늘도 살아가고 있다. 내뱉은 말에 따라 생각하고 결정짓고 행동하고 후속 조치까지 취한다. 대수롭지 않게 여겼던 말 한마디가 큰 효과를 일으킬 수 있다. 선순환을 반복하는 긍정의 뫼비우스 띠를 만들자. 복잡할 것 없이 단순하게 가봐도 좋다.

2장

호감을 얻는 말하기에 대하여

눈을 보고 말하는 순간
일상은 바뀌기 시작한다

"한국인들은 대개 눈을 보지 않고 말해요. 다들 부끄러움이 많은 성격이구나 생각했죠."

한 외국인이 인터뷰에서 한 말이다. 수평적인 관계가 일반적인 나라에서는 의아할 수 있다. 상대의 눈을 보는 것이 자연스럽고 예의 바른 행동이라고 여기는 외국인들의 입장에서는 오히려 눈을 피할 때 진실하지 않은 행동으로 간주할 수도 있다고 하니 재미있는 문화차이다. 하지만 나 또한 말할 때는 서로가 눈을 맞춰야 한다고 생각한다. 그래야 합을 맞춰나갈 수 있다. 그런데 이것을 지키기 어렵다는 사람이 많다. 왜일까? 이유를 2가지로 추릴 수 있다.

첫 번째 이유는, 한국의 수직적 관계 문화에 익숙해져서다. 우리나라는 '직장상사와 부하직원', '군대 선임과 후임', '교수와 학생', '선배와 후배'를 비롯해 생활 속 높고 낮음의 선이 존재해왔다. 갈수록 느슨해지고 있다지만 암묵적으로 지켜가는 분위기다. 윗사람과 눈을 맞추는 자체를 건방지거나 당돌한 행동이라고 평가하는 경향이 있는데, 면접과 발표처럼 중요한 자리에서는 눈맞춤을 하라고 하니 어려울 수밖에 없지 않은가.

두 번째 이유는, 생각할 시간을 벌기 위해서이다. 혹시 발표할 때 사람들의 눈을 보자마자 까먹은 적이 있는가? 달달 외워서 갔는데, 막상 무대에서는 하나도 기억이 나지 않는 어처구니없는 상황 말이다. 고백하자면 과거의 나는 자주 그랬고, 지금도 가끔 그럴 때가 있다. 영국 일간지 '텔레그레프'에서 보도한 내용에 따르면, "눈을 피하는 것은 본능이다. 생각하며 말할 때 방해가 될 수 있다"고 한다.

일본 교토대학교 연구팀은 이 가설로 실험을 진행하기도 했다. 연구진은 실험 참가자들에게 컴퓨터 스크린으로 낯선 사람의 눈을 보게 한 뒤, 현장에서는 간단한 언어과제를 냈다. 그때까지는 어렵지 않았다. 그러나 과제가 어려워지자 눈 맞추는 횟수가 현저히 줄었다. '뇌를 쥐어짜며 동시에 눈 맞춤까지 하는 일은 힘든 작업'이라는 것이다. 생각하며 말할 때 눈을 보는 건 대다수가 어렵다. 한국인도 외국인도.

다만 이제는 달라져야 한다. 눈을 보고 이야기하면 마음이 통하고, 내 이야기를 더 잘 전달할 수 있다. 사람과의 관계에서도, 일에서도 큰 도움이 된다. 눈을 맞추는 습관을 들이기 위해 우리가 당장 적용할 수 있는 3단계를 순차적으로 제시한다. 일명 '눈을 보고 말해요 3단계 프로젝트'다.

1. 거울 연습법

혼자만의 연습 시간을 충분히 갖자. 준비물은 거울 속에 비친 내 두 눈이다. 처음부터 다른 사람 눈을 보고 자신감 있게 말하는 건 어렵다. 그러니 스스로 리허설을 해보자. 거울을 통해 내 두 눈을 오랜 시간 보고 있으면 왠지 모르게 낯설게 느껴진다. 평소에 내 표정이 이렇구나, 눈빛은 이렇구나, 말할 때는 이렇겠구나 살펴볼 수 있다. 자주 마주치면서 친해지자. 나와 대화도 나누고, 준비된 글도 읽어보고, 발표할 말도 해보자. 멋진 내 두 눈으로 긍정 레이저를 마구 뿜어낼 날을 고대하며.

2. 오이 연습법

대화할 때 상대방의 눈을 5초 동안 보고 2초는 거두는, 이른바 오이 연습법이다. 상대방의 눈을 회피하는 것은 극도로 긴장하고 있거나 소통할 의지가 없다는 것이다. 반면, 상대방의 눈을 뚫어지게 바라보는 것도 진실성을 떨어뜨린다는 연구결과도 있다. 심리학자 조프리 버드 박사는 "상대방을 바라보는 눈길이 전혀 미동이 없다면 오히려 대화에 집중하지 않거나, 자기를 믿어달라는 억지 호소를 보내는 것과 같다"고 강조한다.

때로는 '치아에 고춧가루가 묻었나?', '실수한 게 있나?', '나를 좋아하나?'와 같은 오해가 생기기도 한다. 그러니 대화할 때 상대방의 눈을 보는 건 5초면 충분하다. 다음 2초는 다른 쪽을 보자. 이마나 목, 얼굴 옆 허공 정도에 시선을 두거나 업무 중에는 함께 공유하는 화면이나 자료를 보는 게 자연스럽다. 2초가 지나면 다시 상대방의 눈으로 향해도 좋다. 시선을 마주하는 5초는 사수하길 바란다. 눈동자가 자주 움직이면 불안한 사람으로 낙인찍힐 수도, 산만한 사람으로 오해를 불러일으킬 수도 있다. 시계를 보거나, 스마트폰을 켜고 끄는 습관이 있다면 자제할 필요도 있다. 상대방에 대한 예의가 아니거니와 자리를 빨리 끝내고픈 의도를 들킬 수 있다.

3. 구획 연습법

이젠 무대에 나설 차례다. 다수의 청중이 있을 때는 크게 3개 구획을 나눠 천천히 번갈아 바라보도록 한다. 3개 구획을 A, B, C 라고 한다면, A→B→C→B→A 순이다. 물론 소수의 인원이라면 일일이 눈을 볼 수 있다. 그러나 사람이 많을 때는 일일이 눈맞춤을 시도하다가 정작 발표 내용을 잊어버리는 경우가 다반사다. 그러니 멀리, 길게 바라보자. 마치 우아한 백조처럼.

특별한 사람이 있다면 눈맞춤으로 공략할 수도 있다. 회사라면 상사, 프레젠테이션이라면 심사위원, 면접이라면 면접관, 학교라면 교수와 같은 사람들 말이다. 결론, 핵심, 해결책, 아이디어와 같이 중요한 부분을 이야기할 때 집중적으로 바라보면 된다. 중요한 내용마다 나를 바라보니 들을 수밖에 없고, 집중도가 상승해 좋은 결과로 이어질 수 있다. 나의 눈을 사랑스럽게 바라보고, 상대방의 눈을 편히 바라보고, 그리하여 우리의 눈을 자신감 있게 바라볼 수 있기를. 그렇게 편안함에 이를 수 있기를. 어쩌면 입맞춤보다 설레는 눈맞춤을 경험할 수도 있다.

그 사람에게
왠지 더 마음이 가는 이유

1인 기업을 운영하는 A. 가끔 잡히는 친구와의 약속에 나갈 때면 고립된 섬에서 벗어나 배를 타고 육지로 놀러가는 기분이다. 오랜만에 바깥세상을 경험하는 느낌이랄까. A는 누군가와 부딪혀 일하면 극심한 긴장과 불안이 따라오는 탓에 혼자서 하는 일을 선택했다. 비록 타고난 성향이 내향적이고 예민하더라도 사회적 동물인 인간으로 태어난 이상 사람을 만나는 일은 상식적인 범주 안에서 이어가고 싶었다. 혼자만의 시간을 어느 정도 보내다 보면 사람이 보고 싶기도 하다. 그래서 정기적으로 절친한 동창 B와 C를 만나곤 하는데, 그의 마음속에 B는 참 고마운 사람이고 C는 덜 고마운 사람이다. 왜일까?

A : 혼자 하는 일이 마냥 좋을 것 같았는데 아니네. 때론 고독
해. 오늘은 처음으로 말해보는 것 같은데? 거래처 전화도 없
는 날이었거든. 나 목소리 잠겼지? 이대로 잘 해낼 수 있을
까 싶어.

B : 외로운 마음이 어느 정도야? 1에서 100으로 치자면 밀이야.

A : 갈수록 높아지는 느낌이야.

B : 그 마음을 스스로 잘 소화해야 하는데. 괜히 내가 울컥하네.

C : 그 마음 이해는 돼. 근데 모두 다 힘들어. 혼자 일하는 게 신
경 쓸 거 없고 더 나을 수도 있어. 조금만 참아봐.

다시 나만의 섬으로 돌아오듯 귀가한 A에게 B와 C가 메시지를
보냈다.

B : 마음이 아프네. 자주 보자. 때로는 말만 해도 풀리는 게 있
잖아. 네게 그럴 기회가 없긴 해. 동료가 곁에 없잖아. 떠오
르는 솔루션이 없어서 도움이 될지 모르겠지만 언제든 연락
줘. 푹 자.

C : 너 힘들어 보이더라. 돈을 번다는 건 누구나 힘든 거야. 척
박한 사회지만 잘 버텨보자. 나는 내일 새벽 출근이라 먼저

잔다. 좋은 밤 보내.

두 사람의 메시지를 보고 A는 '너무 징징거리지 말아야지. 어쩌면 나의 좋지 않은 마음이 물들 수도 있겠구나. 안될 일이지' 하고 반성한다. B와 C 모두 A에게 고마운 존재다. 다만 B는 이해를 넘어선 공감까지 해주었고, C는 이해만을 해주었기에 A는 B에게서 더 애틋한 위안을 받는다.

공감과 이해는 언뜻 비슷해 보이지만 확연한 차이가 있다. 대개 우리는 이해하는 단계를 거쳐 공감하는 단계까지 다다른다. 이해까지 가는 건 수월하다. 설사 이해조차 어려운 상황이라도 대처하는 방법을 이미 알고 있을 것이다. 표면적으로 적당한 매너가 섞인 반응을 보여주거나, 무의식적으로 축적된 데이터를 꺼내 학습된 위로의 한마디를 건넬 수도 있겠다. 나쁘다는 게 아니라 어려운 일이 아니란 거다.

반면에 공감까지 가는 건 쉽지 않다. 이는 상대방이 힘들다고 하면 같이 아픈 거다. 물론 상대방이 즐겁다고 하면 함께 기쁘다. 희로애락을 그대로 느끼는 귀하고 크나큰 마음이다. 찰나의 순간에 상대방의 감정을 이해하고, 자신의 것처럼 상상하고, 마음을 헤아려 대응하는 것이다. 누구나 할 수 없다. 의식적으로 노력과 수련을 통해 가능할 수도, 무의식적으로 타고났을 수도 있다. 심지어 공감 능력이 뛰어난 사람은 다른 사람의 감정에 너무 많이 휩쓸리지 않으려 애쓰기도 한다.

누구나 고민을 안고 산다. 멀리서 관망하는 인생은 아름답게 여겨지지만 가까이서 마주하는 매일매일은 지친다. 이때 나의 마음을 어루만져 주는 누군가의 공감이 하루 끝에 큰 힘이 된다. 머리 써서 복잡하게 이해하고, 해결책을 제시하지 않아도 좋다. 지금 힘들어하는 누군가가 본인의 얘기를 하고 있다면 그저 들어주는 게 나을지도 모른다. 아픈 사람에게 가장 잔인한 것은 판단하는 잣대일 수도 있기에. 때로는 '힘내'라는 말보다 '힘들었구나'라는 공감이 따스한 위로가 되는 법이다. 시간과 공간 그리고 진지한 마음을 내어주면 가능할 수 있는 '공감'. 그렇게 묶여 있던 마음의 한계선이 스르르 풀려 일치하는 선이 만들어질 것이다. 돌아보면 '만나면 기분 좋아지는 사람'은 비슷한 파장으로 나에게 주파수를 맞춰주는 다정다감한 공감쟁이다.

내가 아니라
상대에게 흥미로운 내용으로 이야기하라

가려운 곳을 시원하게 긁어주는 자, 필요한 부분을 정확하게 알아봐주는 자, 욕망을 자극해 홀린 듯 구매 버튼을 누르게 하는 자. 바로 쇼핑호스트다. 무언가를 팔아야 하는 이들은 승리를 안겨줄 무기를 찾아 헤맨다. 그리고 소비자가 제품을 구매하도록 강조하는 '소구점(訴求點, Unique Selling Point)'을 필살기로 삼는다. 듣는 이들을 공략할 수 있는 흥미로운 이야기를 꺼내는 게 핵심이다. 팔지 않고 사게 하는, 노골적이지 않고 은근한, 2가지 행동 요령을 연마해보자. 비공식적 대화와 공식적 발표에도 적용된다. 마침내 상대방의 마음을 영리하게 얻어내는 이른바 '말 기술자'로 거듭날 수 있을 것이다.

말 기술자 요령 하나, 불편한 구석을 감지한다

쇼핑호스트는 에어컨을 판매할 때 전기세를 절감할 수 있는 무풍 기능을 강조하면서 전기세를 절약할 수 있는 맞춤형 온앤오프 상식을 함께 전한다. 구매를 앞둔 고객들이 가장 우려할 부분을 헤아리고 있는 것이다. 분명 사전에 예비 소비자들을 대상으로 한 분석에서 알아차렸을 것이다. 목적이 있는 자리에서 말을 이끄는 주체라면 반드시 문제를 간파해 해결하려는 의지가 있어야 한다.

상대방이 듣고 싶은 것이 뭔지 감이 잡히지 않을 때는 직접 묻는 것도 괜찮다. 나는 각양각색의 시민들이 참여하는 무료강연을 할 때 모든 교육생에게 수업 첫날 질문부터 던진다.

"왜 오셨어요?"

따지는 게 아니다. 교육생 스스로가 참여하는 이유를 한 번 더 깨닫길 바라는 마음과 동시에 교수자인 내가 가르쳐야 할 몫을 파악하는 학습자 분석인 셈이다. 대다수가 본인이 배우고 싶은 걸 털어놓는다. 잘 알려줘야 할 의무가 있는 나는 다루어야 할 이론, 어울리는 실습, 짜임새 있는 조별 구성, 강의자료까지 미리 준비할 수 있다. 요즘 들어 조직에서는 FAQ(Frequently asked questions, 자주 물어보는 질문들) 형식의 문서가 자주 보이고, 교육 현장에서는 Q&A 형식의 토크쇼 강의가 종종 열린다. 포인트는 상대방이 듣고 싶은 말을 전하는 데 있다.

말 기술자 요령 둘, 새로움으로 공략한다

'Something New' 새로운 것을 선사하자. 쇼핑호스트들은 같은 제품의 동일 기능에도 저마다의 새로운 것을 가미한 이야기를 꺼낸다. 정통 브랜드의 젤리를 판매한다고 할 때 '올해 휴가철 장거리 여행하며 챙겼는데 기력을 찾을 수 있었다', '어버이날 선물로 해드렸더니 잘 드신다', '비타민C와 칼슘이 함유되어 있어 안주로도, 아이들 건강 간식으로도 좋다', '우리 홈쇼핑 구성이 최저가다' 등 스토리텔링과 함께 새로운 정보를 준다.

일상의 대화에서는 어떻게 적용할 수 있을까? 새로움이 더 새로워지지 않는 건 순식간이다. 이때 말 기술 대신 행동 기술로 상쇄해보자. 소개팅 자리에서 전혀 관심 없던 상대 남자가 질긴 스테이크를 대신 잘라줘 반했다는 A도, 음식점에서 나가려는 순간에 무관심했던 동료가 신발을 신는 쪽 방향으로 돌려줘 다시 보게 됐다는 B도, 콜록콜록하는 기침 소리에 옆자리 동료가 따뜻한 차를 타줘 호감이 생기기 시작했다는 C도 뜻밖의 배려가 가미된 행동 기술로 사로잡힌 셈이다. 깜짝 놀랄 만큼 마음을 동요하게 만드는 사람을 아는가? 낭만적인 감성을 휘두르며 심장을 쿵쾅거리게 만드는 사람을 아는가? 새로운 이야기와 색다른 행동으로 평범한 것도 비범하게 가공해내는 '말 기술자'다.

힘 나는 말들로
랠리를 이어가자

사내 테니스 동호회에서 만나게 된 A, B, C. 셋은 명실상부한 삼총사다. 결속력과 지속력을 겸비한 덕에 3년 내내 우수 동호회 및 우수 회원으로 손꼽힌다. 그들이 친해진 이유는 '너도나도 서로 좋다'고 인정하는 넉넉한 마음가짐 덕택이다. 연습하면서 나누는 이야기는 잡담에 가깝다. 그렇다고 해서 쓸데없지 않다. 삼총사는 힘 빠지는 '남 이야기'는 제쳐두고 힘 나는 '내 이야기'에 몰입한다. 틈만 나면 남 욕하길 좋아하는 사람들의 틈바구니에서 서로에게 안식처가 되는 사이다.

    A : 오늘 공이 잘 맞네.

B : 주말에 연습했어? 진짜 잘한다.

A : 전혀, 요즘 우리 부서 정신이 없어서 주말에도 특근했어.

B : 역시 정예 멤버가 일해줘야지.

C : 너 없으면 일이 안 돌아가지.

A : 아니야. 주중에 다 못하니 주말에 남았지. 선배에게 꾸중 들
   었어.

C : 기죽지마. 다 했으면 됐어.

랠리를 하듯 수다를 이어가는 셋. 그들의 대화는 문자 단체방에
서도 계속된다.

A : 다들 수고했어. 오늘 스트레스 다 풀렸다!

B : 우리 동지들이 있어 나도 행복했네.

C : 이번 주말에 전국 테니스 대회 결승전이 있네? 다 같이 갈
   까?

A : 난 가족 모임이 있어.

B : 그럼 둘이 먼저 보고 다음에 셋이 뭉치자. 다음 주 PT를 무사
   히 마쳐야 웃으며 볼 텐데.

C : 충분히 잘할 수 있어.

B : 다들 고마워. 잘 해내고 후기 남길게.

C : 긴장 풀고 편히 해.

A : 응원할게!

이 랠리는 서로를 좋아하고 위하는 마음이 무한동력이다. 이들이 관계를 이어갈 수 있는 비결은 바로 항상 서로를 치켜세우고 힘나는 말들을 전해주는 데 있다. 처음 만났을 때는 피상적으로 보이는 뛰어난 외모에 눈이 가고, 아름다운 목소리에 귀가 쏠리고, 특출한 능력에 마음이 동하는 게 당연하다. 점점 사이가 가까워지면서 보이지 않았던 점이 보이게 되는데, 이 시기부터 나를 지적하는 사람보다 긍정적인 이야기를 전해주는 사람과 관계가 더 깊어진다. 내 자존감을 챙겨주는 그 사람의 말 한마디에 더 고마워지고 더 행복해진다. 이것을 내 말과 태도에도 녹여보자. 상대방의 자존감을 챙겨주는 동시에 그러한 성숙한 사람으로 거듭날 수 있다.

인간관계에서 중요한 건 진심이다. 진심으로 상대방을 대하면 자연스럽게 마음이 되돌아온다. 단, 크기는 따지지 말자. 보이지 않아 비교하는 게 불가능할뿐더러 멋스럽지 않다. 때론 재는 걸 들킬지도 모른다. 진심은 사랑, 우정, 존경, 존중, 이해, 배려, 공감.

모든 마음에 통용이 된다. 특별한 기교도 필요 없다. 마치 곰탕 같달까. 진한 육수가 바탕이기에 어떤 재료를 넣어도 깊은 맛이 우러나 절대 질리지 않는다. 진심이 묻어나는 마음도 마찬가지다.

언젠가 '내가 좋아하는 사람이 나를 좋아하는 건 기적이다'라는 글을 본 적이 있다. 많은 사람이 공감을 표했다. 기적을 기다리는 이들과 기적을 만들어낸 이들이었다. 진심이 담긴 마음을 기다리기 전에 먼저 건넨다면 어떨까? 그렇게 하루하루를 기적 같은 나날로 채워갈 수 있을 것이다.

똑똑하게 칭찬하고
확실하게 호감을 얻자

스몰 토크는 누군가를 만났을 때 어색한 분위기를 누그러뜨리는 가벼운 대화를 뜻한다. 가족, 친구, 지인, 업무상 파트너, 소개팅 상대방 혹은 처음 만나는 그 누군가, 한마디로 사회생활을 하면서 마주하게 되는 모든 관계는 이 스몰 토크로 시작된다. 이때 칭찬으로 접근하면 센스 있는 사람으로 여겨진다. 칭찬할 요소를 찾지 못하는 사람은 있을지언정 칭찬할 거리가 없는 사람은 없다. 들으면 기분이 좋아지고 호감으로 이어지는 칭찬은 어떤 게 있을까? 크게 4가지로 나눌 수 있다.

1. 외모, 패션, 스타일링과 같은 외적인 요소 칭찬

2. 성격, 성향, 배려, 공감과 같은 내적인 요소 칭찬

3. 열정, 노력, 결과물, 목표 달성과 같은 성취 칭찬

4. 목소리, 말투, 어조, 경청, 달변, 유머와 같은 의사소통 능력

이 중 상대방이 바라는 칭찬을 미리 알 길은 없지만 눈치껏 파악할 길은 있다. 포인트는 현재 상대방이 노력하고 있는 요소를 공략하면 된다는 것이다. 직접적인 외모 칭찬보다는 애쓴 구석을 찾아낸 칭찬이 좋다. 가령 "키가 정말 크네요"라는 칭찬은 건넨 자에게는 부러운 장점이지만 상대방은 무감할 수 있다. 아쉽게도 처음 만난 사이는 눈에 보이는 외적인 요소, 귀에 들리는 의사소통 능력에 관한 칭찬 정도만 가능하다. 이후에는 내적인 요소, 성취 칭찬도 함께할 수 있다.

- 빨간색 셔츠가 잘 어울려요. (외적인 요소 칭찬)
- 헤어스타일이 바뀐 것 같은데요? 요즘 유행이라던데 멋있어요. (외적인 요소 칭찬)
- 늘 너에게는 기분 좋은 에너지가 느껴져. (내적인 요소 칭찬)
- 너와 같은 동료가 있어 참 좋다. (내적인 요소 칭찬)
- 제가 믿는 분이에요. 든든해요. (내적인 요소 칭찬)

- 이번 프로젝트도 성공적이었다고 들었어요. 역시나 실력자 네요. (성취 칭찬)
- 담당한 일을 늘 잘해주셔서 다음에도 기대하고 있어요. (성취 칭찬)
- 알려주신 대로 하니까 잘됐어요. 항상 배워요. (성취 칭찬)
- 역시 네가 해주는 얘기는 재밌어. (의사소통 능력 칭찬)
- 전에 말한 것을 기억하고 계시네요. 세심하세요. (의사소통 능력 칭찬)
- 자세히 설명해주셔서 이해하기가 한결 수월했어요. (의사소통 능력 칭찬)

모든 순간에 부담 없이 건넬 수 있는 칭찬들이다. 사람마다 선이 다르다 해도 지나치지만 않다면 효과가 좋다. 칭찬을 건네면서 시작되는 관계는 시작부터 호감이다. 지속적인 관계도 기대해볼 수 있다.

사람은 자신이 보고 싶은 것만 보고, 듣고 싶은 것만 듣는다. 나에게 의미 있는 정보를 더 크게 받아들이는 선택적 지각(Selective Perception) 능력 때문이다. 이것을 염두에 두고 상대방이 원하는 칭찬을 한다면 효과가 배가된다. 더욱이 많은 사람이 모여 있는 자리에서 좋은 인상을 남기는 데에도 칭찬이 가장 빠른 방법이다. 사람은 소란스러운 장소에서도 자신에 관한 이야기나 중요한 정보를 우선적으로 알아듣는다. 이를 심리학에서는 '칵테일 파티 효과(Cocktail Party Effect)'라고 한다. 여러 사람이 있는 자리에서나 소수가 있는 자리에서나 내가 호감을 사고 싶은 상대가 원하는 말과 칭찬이 무엇인지 잘 파악하여 똑똑하게 활용해보자.

선을 존중하는 사람과
선을 긋는 사람의 차이

최근 이 팀장에게는 고민이 하나 생겼다. 그는 하루에 수백 명이 오가는 은행 지점에서 15년째 근무하고 있는 근속사원이자 다섯 차례나 우수사원 상을 받은 명실상부한 에이스다. 그의 왼쪽 가슴에는 우수사원 배지가 오늘도 반짝반짝 빛나고 있다. 휘황찬란한 훈장이 유난히도 도드라져서일까. VIP부터 일반 고객까지 그를 찾는다. 동료들 사이에서는 자타가 인정한 젠틀맨이다. 깔끔한 언행과 단정한 예의가 돋보인다. 무한한 신뢰를 바탕으로 좋은 평판을 유지하고 있는 그가 며칠 전 갸우뚱할 일이 있었다. 바로 5개월 차 정인턴 때문이다.

"팀장님, 1시에 저축 펀드 상담하기로 한 VVIP 김서연 고객이요. 다른 일정이 있다고 해 10분 정도 늦으신답니다."

"알았어요. 이 서류, 황 팀장에게 전해줄래요?"

"저, 근데 팀장님. 둘이 있을 때만이라도 말씀 편하게 해주시면 안 될까요? 그냥 이름 부르셔도 됩니다."

"아니에요. 직장에서 만난 사이인데 말 놓기는 좀…"

"항상 예우해주시는 점은 감사합니다. 근데 말씀 편히 해주셨으면 해요. 제가 팀장님 존경해서 친하게 지내고 싶은데 거리감 느껴져 아쉬워요. 제가 인턴이라 정을 주지 않으시는 것 같기도 하고요. 다른 선배님들은 말 놓으셨어요."

이 팀장에게는 대수로운 일이다. 다이어리 안에 '낀대가 아닌 멘토의 이끌림을 선사하자'를 써놓고 마음속으로 다짐을 해오고 있던 터라 더 그렇다.

낀대를 아는가? 몇 년간 익숙해진 말이다. 한마디로 X세대와 MZ세대에 '낀' 나이 든 밀레니얼 세대를 뜻한다. 《낀대 패싱》이란 책에서는 낀대를 1970년대 중반에서 1980년대 후반에 태어난 이들로 정의한다. 그들은 중간에서 선배의 입맛에 맞추느라 아래 후배의 눈치를 살피느라 꽤 고생하고 있다. 껴 있는 것들은 대체로 안쓰럽다는 말이 맞는 걸까? 어우렁더우렁 지내느라 고군분투하는 모양새다.

요즘은 합리적이고도 세련된 낀대가 세우는 몇 가지 원칙이 있다고 한다. 사적인 영역을 절대 묻지 말 것, 존대어를 꼭 사용할 것, 업무에 대한 충고는 적정 수준만 할 것, 회식을 강요하지 말 것, 필요한 말만 할 것 등이다. 소소한 매뉴얼부터 번듯하게 출간된 책까지 나오는데, 대체로 '선을 긋고 일에 대한 용무만 주고받는 깔끔한 관계를 선호하자, 본인의 경험을 후배에게 답습시키려 애쓰지 말자'는 내용이다. 사례 속 이 팀장은 이 원칙들을 누구보다 잘 지켜온 듯한데, 이상 신호가 감지된 것이다.

이 팀장은 며칠간 다른 동료들의 행동을 유심히 보게 된다. 특히 후배들과 격의 없이 지내는 황 팀장에게 시선이 간다.

"팀장님, 요청하신 서류 메신저로 방금 보냈습니다."
"지금 확인해봤는데 깔끔한데요? 오탈자도 없고 서식에 맞게 내용 정리도 잘했네요. 이제 프로야 프로."

"다행입니다. 마음 졸였어요."

"내가 백번 알고도 남지. 인턴 끝자락이라 더 그럴 거예요. 잘하고 있으니 마음 편히 가져봐요. 커피 한 잔 마시러 가지요."

어깨를 토닥여주는 손짓과 눈을 마주치는 미소가 이상하리만큼 낯설다. 어쩌면 몇 년 전 자신이 받아왔거나 해왔던 모습이었을 텐데 말이다. '내가 불편한 선배였던가?' 이 팀장은 본인의 행동을 되새김질한다. 선을 지켜야 한다는 중압감 때문인지 언제부터인가 후배들을 조심히 대해왔다. 월요일 출근하면 "좋은 한 주 시작해요", 금요일 퇴근 직전에는 주말 잘 보내라는 인사 정도만 주고받아왔고, 업무 피드백을 받으러 온 후배에게는 "잘했어요. 수고했어요. 고칠 부분이 있네요" 정도의 필요한 피드백만 했다.

그렇다고 상황을 불편하게 만들며 잘못된 행동을 일삼은 건 전혀 아니다. 틈틈이 사내 멘토링 프로그램을 통해 후배들에게 실전 노하우를 전수해왔고, 회사 동료의 경조사는 빠짐없이 챙기는 것을 원칙으로 삼아왔다. 선을 잘 지키며 후배들의 마음도 지켜주고자 했는데 그게 아닐 수도 있다는 생각이 이제야 든다. '요즘 개인적으로 안부를 주고받는 후배가 있던가?' 생각해보니 퍼뜩 떠오르지 않는다.

세대가 바뀌고, 시대가 변하고, 유행을 타지만 모든 게 100% 맞춤형 적용이란 건 없다. 특히 인간관계는 얼기설기 얽혀 있어서 구조화된 공식이 늘 맞아떨어지지 않는다. 대부분 우리는 이 팀장과 같은 시행착오를 겪으며 사람에 대한 신념을 다듬어간다. 이때 '애런슨 효과(Aronson Effect)'를 상기시켜 봐도 좋다. 쉽게 말해, 큰 상부터 소소한 칭찬까지 누군가에게 보상을 받게 되면 신이 나 적극적으로, 반대의 경우에는 좌절감과 반발심이 생겨 소극적으로 바뀐다는 것이다.

보상이라는 건 다양하다. 손에 쥘 수 있는 승진, 성과급, 상이 될 수도 있고, 마음을 차오르게 하는 칭찬, 관심, 독려일 수도 있다. 황 팀장처럼 사람을 봐가며, 상황을 살피며 융통성을 발휘해 보면 어떨까. 눈에 보이는 큰 보상은 접근 자체가 불가능하거나 부담이 될 수 있으니 작지만 따뜻한 말 한마디면 충분하다.

혼자만의 시간을 지켜달라고 호소하는 사람들이 점점 많아지고 있다. 자의 반 타의 반으로 소외된 직원들도 늘고 있다. 동료들은 외면하거나 눈치 보기 일쑤다. 그러나 놓치고 있는 게 있다. 함께 하는 시간 속에서 부족한 에너지를 채울 수 있고, 잘못된 방향을 고쳐갈 수 있고, 힘찬 동력으로 나아갈 수 있다. 혼자가 아닌 함께라서 나을 일들이 얼마든지 많다는 것이다. 단, 예쁜 말로 서로 심리적으로 위안이 되고, 정서적인 리듬을 맞추는 관계만 성립이 된다. 기필코 혼자이길 바랐다면 함께해 보고, 외롭게 보이는 상대방에게 슬쩍 말을 걸어보고, 거창하지 않더라도 소소한 이야기를 나눠보는 것. 어쩌면 크나큰 즐거움으로 번질 수 있다. 외롭게 돈 벌기 위해 일하는 사람은 아무도 없다.

상대방이
자기 이야기를 할 수 있는 질문을 하자

나는 자타공인 프로 질문러다. 질문을 잘하는 사람이라기보다는 질문을 많이 하는 사람이다. 하루에 수십, 수백 개의 질문을 쏟아 내고 있다. 주로 방송 진행자로서 초대손님에게, 교수자로서 학생 에게. 때론 현장의 심사위원으로서 참가자에게. 그때마다 내가 건 네는 질문의 질에 따라 상대방이 소화하는 대답의 질이 달라지는 것을 느낀다. 좋은 대답은 좋은 질문에서 나온다는 것을 갈수록 체감한다.

좋은 질문이란 뭘까? 내가 주고받는 질문, 누군가가 주고받는 질문, 잘 알려진 인터뷰 대가의 질문, TV 토론 속 사회자 질문까지. 골똘히 연구해보니 결국 상대방이 마음 놓고 자신의 이야기를 할 수 있도록 하는 것이었다. 이를 일상에서 대화의 물꼬를 트는 데 활용할 수 있는 방법으로 정리해보자.

1. 상대방을 궁금해해야 좋은 질문이 나온다

질문하기도 전에 '저 사람 입에서는 뻔한 말이 나오겠지'라는 건방진 생각을 하는 사람들이 있다. 상대방을 무시하는 처사다. 사람은 각자 다른 경험과 철학을 가지고 있기에 뻔한 대답이란 없다. 뻔한 질문을 했을 뿐이다. 열린 마음으로 상대방을 바라보자. 비범하고도 특별한 이야기가 숨어 있을지 모른다.

2. 경청한다

미국의 경영학자 피터 드러커는 가장 중요한 커뮤니케이션 능력은 상대방이 말하지 않는 걸 듣는 것"이라고 말했다. 질문한 후에는 그 사람의 말을 경청해야 한다. 가만히 들어주는 것도 좋고, 좀 더 분위기를 끌어올릴 수 있는 방법도 있다. 책《끌리는 사람의 대화법 7》에 소개돼 있는 '경청을 위한 FAMILY 법칙'을 참고해보자.

F(Friendly) : 친근하게

A(Attentive) : 주목하여

M(Me Too) : 맞장구 치며

I(Interestedly) : 흥미를 갖고

L(Look) : 바라보며

Y(You-centered) : 상대방의 입장에서

내가 원하는 대답을 듣기까지 꽤 오래 기다려야 할지도 모른다. 하지만 상대방의 말을 내가 마무리하거나, 뜸을 들이는 순간을 참지 못하거나, 말을 끊고 결론 또는 요점을 물어보거나, 한숨을 내뱉지 말자. 급한 마음이 불러올 수 있는 결례다. 그렇게 상대방 입이 영영 닫힐 수 있다. 배려 없는 질문자 앞에서 굳이 제대로 대답할 필요가 있을까? 존중이 담긴 관심과 여유가 담긴 기다림부터 장착하자.

3. 섣부른 전제를 깔지 않는다

좋은 질문은 '그럴 것이다'라는 전제가 없다. 내가 당연한 게 상대방은 당연하지 않을 수 있다. 질문을 건네는 자가 가지고 있는 제한적 신념을 내려둘 필요가 있다. 직업적 편견이나 나이대를 염두에 둔 질문은 유의해야 한다.

좋은 질문은 건강밥상과 닮았다. 상대방이 고슬고슬한 흰밥에, 구수한 된장찌개에, 소화 잘되는 반찬을 든든하게 먹고 갈 수 있게 해야 한다. 간이 세지 않고 자극적이지 않은 맛 덕택에 단골이 될 수도 있다. 물론 질문자의 배려와 존중이 천연 조미료가 되어 은근한 감칠맛을 낸 덕분이다.

마음의 주파수를 맞추는 비결
'공감'

유독 옳은 말을 하는데, 마음에 들지 않는 사람이 있다. 맞는 말이지만 얄밉다. 겉으로는 알았다고 대답하지만 속으로는 '이제 됐니? 시원해?'라고 응수하게 된다. 쌀쌀맞고 딱딱한 그들에게 없는 코드는 바로 무드(Mood)다. 우리말로 분위기를 뜻한다. 한마디로 분위기를 타지 못하는 것인데 상대방의 환심을 살 리 만무하다.

특히 대화에서 무드를 타는 건 중요하다. 카페의 배경 음악이나, 전망대의 야경과 같달까. 상상해보자. 카페의 배경 음악이 너무 시끄럽거나, 전망대의 불빛이 꺼진다면 어떨까? 커피가 기가 막히게 맛있다 해도, 전망대의 망원경이 고성능이라고 해도 제대로 즐기지 못할 것이다. 이렇듯 소통에서 분위기를 타는 건 내 말이 힘을 싣고 날개를 달아 훌쩍 날아오를 수 있는 배터리를 장착하는 일이다. 그리하여 더 많은 사람이 내 의견에 귀 기울 수 있고, 끄덕일 수 있다. 이때 대화 속 무드를 타기 위해서는 공감이 먼저다.

그렇다면 어떻게 공감하면 될까? 일단 무조건 듣는다. 입을 다물고 듣는다. 오감을 활용해서 적극적으로. 단, 중간에 판단하지 않고 쭉 듣는 게 관건이다. 이때 내 의견이 있어도 참아야 한다. 기필코 꼭 전해야 할 말이 있다면 상대방에게 양해를 구한다. 대부분은 동의할 것이다. 혹시 동의하지 않는다면 치사해도 참자. 다시 돌아와 듣기에 집중한다. 동시에 내가 얼마나 열심히 들어주고 있는지 계속 보여준다.

최대한 편안한 분위기에 이르렀을 때 비로소 내 차례가 다가온다. 대화하는 공간과 환경이 익숙해진 이때가 오히려 최적의 시기다. 상대방과 더불어 다른 사람이 있다면 모두가 안심하게 되어 몸에 힘을 빼고 능동적으로 듣기 시작하는 순간이다. 먼저 말하는 사람보다는 다음에 말하는 사람이 오히려 의견을 개진하기 수월하다는 장점도 있다.

하버드 협상연구소 설립자 윌리엄 유리는 "상대방의 마음을 사고 싶으면 마음의 주파수를 맞추라"고 제안한다. 라포(Rapport), 즉 깊은 대화를 여는 친밀감을 위해서는 일단 '좋았다. 재밌다. 공감한다. 엄청나다. 놀랍다. 인정한다. 즐겁다. 맞다'와 같은 공감의 말들로 포문을 열어야 한다. 더 나아가기 위해서는 3가지의 라포 자세를 취해도 좋다. 미러링(Mirroring), 페이싱(Facing), 백트래킹(Backtracking)이다.

미러링은 듣는 상대방의 몸짓을 따라 하는 기술, 페이싱은 상대방의 말투를 따라 하는 기술, 백트래킹은 상대가 한 말을 다시 반복해 말하는 기술이다. 사람은 상대방이 나와 비슷하게 행동하면 '잘 통하는 사람'으로 느낀다. 이때 공감은 절대적인 힘을 갖는다. 그때부터 좋은 말, 옳은 말이 빛을 볼 수 있다. 나와 상대방 사이에 라포라는 다리부터 놓고, 서로의 주파수를 맞춰, 무드를 타자.

누구나 열정이 있는 사람과 이야기하고 싶어 한다

매력은 인간관계에서 중추적인 역할을 한다. 남녀의 사랑도, 친구의 우정도, 인기 스타에 열광하는 것도, 결국은 매력 때문이다. 그 중에서도 우리는 '열정'을 지닌 사람에게 매력을 느낀다. 그것이 말과 태도에 묻어나는 사람에게 끌린다. 자기계발 작가 브라이언 트레이시의 분석에 의하면 자신감 넘치는 모습, 열정이 드러나는 순간에 사람들은 매력을 느낀다고 한다. 가령 웃는 모습, 자신감 있는 손짓, 힘찬 말투, 센스 있는 유머와 같은 것들에서 그러한 매력이 묻어나는 것이다.

〈열정 DNA를 갖춘 사람들이 인기 있는 이유〉라는 다큐멘터리를 보면, 열정적인 사람이 매력적인 사람이 되는 중요 포인트라고 강조한다. 이 프로그램에서는 버락 오바마, 히딩크, 인순이를 예로 든다. 그리고 이들의 공통점은 '열정을 기반으로 한 에너지'가 있다고 덧붙인다. 열정을 바탕으로 자신감과 포용력을 지닌 사람들인 것이다. 물론 외모, 재력, 성격 등 다양한 변수가 있으나 이는 사람마다 기준이 다르다. 열정은 대부분의 사람에게 적용되니 필살기로 삼아도 좋겠다.

다시 다큐멘터리의 내용으로 돌아가서, '이성적으로 매력적인 사람과 업무적으로 매력적인 사람 중에서 어떤 사람을 마주할 때 더 뇌가 활성화되는가?'라는 물음을 가지고 실험을 했는데, 결과는 꽤 흥미로웠다. 승자는 후자였다. 이 실험 끝에 성연신 고려대 심리학과 교수는 "직업적인 성공을 거두고, 일상에서 호감을 살 때 외모가 전부가 아니다. 끌리는 매력에는 그 이상의 포인트가 있어야 한다"라고 강조했다.

우리가 갖춰야 하는 그 포인트는 바로 열정이다. 일상에서 위축되지 않으며 당당하고 자신감 있는 모습 말이다. 대개 누군가의 멘토로서 역할을 해내는 고수들이 그런 모습을 보이는 경우가 많다. 좋은 직관력을 갖춰 어려운 결정을 감내하기도 하고, 실패를 두려워하지 않고 용기를 내기도 하고, 좋은 행운을 위해 끊임없이 노력하고 실행하는 사람들 말이다. 물론 옆에는 배우려는 멘티들이 있다. "하라"라는 말을 하는 관리자가 아닌 "하자"라는 말을 하는 몸소 보여주는 리더의 모습이라서 더 멋시다. 갈수록 불안한 사회가 되어가고 있다. 자신이 서 있는 자리에서 정확한 깃발을 꽂는 사람, 본인의 힘을 올바른 방향에 쓸 수 있는 사람, 한마디로 열정을 이어가는 사람이 점점 귀해진다. 이제 열정은 단순한 성향 이상의 재능이다.

턴어라운드를
선사하는 사람이 되자

"진이야, 숙면에는 허브차가 좋대. 한 잔씩 마셔봐."

이 한마디에 울컥했던 적이 있다. 아니 목놓아 엉엉 울었다. 20대 중반, 모든 게 쉽지 않았던 시절이 나에게도 있었다. 어스름한 빛 한 줄기조차 들지 않는 깜깜한 터널을 걷고 있는 느낌이었다. 꿈만 좇기에 현실이 차디찼다. 밤마다 붕 뜬 기분이었다. 생각이 꼬리에 꼬리를 물고 마음이 굴을 파고 들어가니 잠이 오지 않았다. 그즈음 친구가 허브차 세트를 선물해주며 건넨 말이었다.

"진이야, 숙면에는 허브차가 좋대. 30개짜리니까 오늘부터 한

달 내내 마셔봐."

"내가 요즘 못 자는지 어찌 알았어?"

"밤늦게 연락해도 깨어 있고, 아침 일찍 연락하면 새벽 산책을 했다고 하니 눈치껏 알았지. 학교 다닐 때도 고민 많으면 밤 꼴딱 샜잖아."

친구는 왜 힘든지 묻지 않았다. 그게 고마웠다. 어쭙잖은 조언을 늘어놓는 사람들 때문에 힘들었던 시기였다. 스스로가 떳떳하지 못했다. 냉혹한 현실에, 초라한 자존감에, 부족한 실력 탓에. 다디단 도움도 쓰디쓴 참견으로 고까워했더랬다. 고백하자면 그때의 나는 예민하고 유약했다. 미성숙했던 그때로 다시 돌아간다 해도 비슷할 듯하다. 한 치 앞도 보이지 않는 터널을 빠져나왔기에 이제야 속 시원히 털어놓을 수 있지 않을까?

그때 그 시절, 고마운 내 사람들의 공통점이 있다. 바로 '뭉근한 관심'을 전해준 '담백한 존재'란 점이다. 그들은 나와 주고받는 메시지 안에서, 오가는 행동 안에서 부족한 부분을 보살펴줬다. 나아가 비어 있는 부분을 은근히 채워주기도 했다. 늘 감사 이상의 감동이 느껴졌다. 돌이켜보면 '혼자가 아닌 나'라서 힘들었던 일상을 지탱해낼 수 있었다.

"외롭다"는 말에 바다 여행을 제안해준 단짝.
"괴롭다"는 말에 지방에서 한걸음에 달려와준 동창.
"탈락했다"는 말에 기꺼이 술 한잔 권했던 스터디 멤버.
"합격했다"는 말에 격한 축하를 해준 동료.
"즐거웠다"는 말에 더 행복했다고 화답하는 가족.

그들은 나의 지난 말과 행동을 포착했다. 그렇게 기억해두었다가 결정적인 시기에 살포시 와주었다. 나는 천성적으로 잘 참는 사람이었다. 그걸 알기에 빨리 달려와줬는지도 모르겠다. 떠올려보면 '외롭다, 괴롭다, 탈락했다, 합격했다, 좋았다'란 말을 바로 꺼내진 않았다. 대신 같이 보낸 과거의 시간이 충분히 있었다.

생채기가 난 인간관계 속에 외로웠던 시간, 묘하게 상처 주는 동료 때문에 괴로웠던 시간, 이직의 문턱이 생각보다 높아 매번 탈락한 시간, 다행스럽게 합격한 시간, 오랜만에 만나 나눈 즐거웠던 시간 사이에 우린 줄기차게 소통했다. 그 뒤에 나온 나의 한마디는 숙고해 전한 말임을 짐작했으리라. 깔깔 웃을 수 있게 실없는 농담도 건네주고, 목청껏 소리 지르며 스트레스를 날릴 수 있도록 노래방도 데려가주고, 틈틈이 현실을 벗어날 수 있는 곳으로 인도해주고, '오다 주웠다' 식으로 선물을 툭 건넸던 그들. 은인이다. 곱씹을수록 고맙다.

나이가 들수록 내 시간을 내어주는 게 쉽지 않음을 실감한다. 쫓기는 일상을 보내고 있노라면 자기 안위를 신경 쓰기에 급급해진다. 그 와중에도 누군가를 신경 쓴다는 건, 마음이 넉넉한 사람만이 할 수 있다. 상대방의 '턴어라운드(Turn Around)'를 만들어주는 귀한 존재다. 턴어라운드는 경제학 용어로, 적자나 주가 하락으로 어려웠던 기업이 흑자를 내거나 주가가 상승하는 기점을 의미한다. 쉽게 말해 전환점이다. 인생에도 적용된다. 살다 보면, 누군가에 의해 새로운 길로 용기 있는 한 걸음을 내디딜 수 있는 시기가 있다. 고통을 견디라는 무거운 말보다는 은은한 행동으로 산뜻한 힘을 실어준다. 스스로 잠재력을 펼칠 수 있도록.

지금은 각자도생(各自圖生)의 시대라고 한다. 각자 살길은 각자가 찾자는 기조로, 나만 잘살면 된다는 식의 이기주의와 무관심도 만연하다. 그러나 우리가 경험해왔듯, 인생은 관계의 연속이다.

서로 영향을 주고받으며 살아간다. 내가 은인이 되어주기도, 내가 은인을 만나기도 한다. 그렇게 함께 나아간다.

특히 그 옛날 나처럼, 어두운 것들로 그득한 터널에서는 스스로가 당해낼 재간이 없다. 흡사 신호를 잃어 갈피를 잡지 못하는 내비게이션 같달까. 방향을 잃어 웅크리고 앉아 있다 보면, 그제야 주위가 보이기 시작한다. 마침내 희미한 불빛을 발견할 수 있다. 그 길 따라 걸어 나오면 햇살 가득한 평야를 마주할 수 있다. 턴어라운드를 맞이할 수 있는 희미한 불빛을 찾아서 참 다행이다. 아마 그 불빛은 누군가 미리 켜놓고 기다렸을 것이다. 나도 모르는 사이에 나를 돌봐줬던 내 사람, 내 은인의 소행이 분명하다. 알고 보니 캄캄한 터널에 혼자 있던 게 아니다.

3장

언제나 매력적인 사람이 되는 태도

'긍정성'
내 입으로 꺼낸 말들이 내 발걸음을 이끈다

"우리 누나는 웃긴 사람이지만 우습지 않아요."

한 희극인의 남동생이 한 말이다. 듣자마자 울컥했다. 누나가 우스워 보일까봐 걱정한 마음이 느껴져서다. 사람과의 관계는 적정선을 유지하기 어렵다. 딱딱하면 다가오지 않고, 흐물흐물하면 무시하기 일쑤다. 특히 타인에게 즐거움을 주는 희극인들은 오죽할까.

"저를 우습게 생각하는 분들이 많을 거예요. 그런데 개의치 않아요. 중요하지 않거든요. 그 시간에 나의 자존감을 키워요. 남한테 보이는 자동차, 옷, 구두, 액세서리를 신경을 쓰기보다는 제가 베고 자는 베개의 면, 입을 대고 마시는 컵의 디자인, 내 방의 정리 정돈 상태와 같은 것들을 신경을 쓰죠. 나만 아는 소소함이지만 자존감은 여기서부터 싹튼다고 생각합니다."

그 희극인의 말이다. 그녀는 '웃긴 사람이지만 우습지 않은 사람'이라는 표현이 딱 맞는 사람이었다. 예능 프로그램의 토크 버스킹 무대에서 관객 중 한 명이 물었다. "저는 다른 사람에게 기쁨 주는 걸 좋아합니다. 다만 남에게 웃음을 줄 때 무시당할까 걱정이에요. 우습지 않은 사람으로 보이는 비법이 있을까요?"라는 질문에 그녀는 위와 같은 대답을 남겼다. 그리고 옆의 동료가 한 말 또한 인상적이었다.

"저는 혼자 밥을 먹거든요. 예전에는 냉장고 앞에서 대충 챙겨 먹었는데요. 너무 초라해 보이는 거예요. 그때부터 모든 끼니를 예쁘게 차려 먹기 시작했어요. 내가 나에게 주는 작은 선물인 셈이죠. 그걸 다른 사람이 보잖아요? '쟤는 잘 차려 먹으니까 챙겨줘야 해'라고 여기더라고요."

스스로 대접해 남들에게 존중받는 것. 이 삶의 지혜는 '학습된 긍정성'을 근간으로 한다. 타고난 게 아니다. 뇌를 나에게 긍정적인 방향으로 유도하는 것부터 시작해서 학습하고 단련한 것이다. 특히 인간의 잠재의식은 본인이 생각하고 내뱉은 단어에 집중한다. 태초부터 그렇게 설계돼 있다. 그 잠재의식을 바탕으로 활동을 한다. 내 입으로 꺼낸 말들이 내가 원하는 방향으로 한 걸음씩 나아가도록 이끌 것이다. 그래서 성숙한 사람들은 아침에 일어나자마자 자신의 언어부터 점검한다. '스스로 나'와 '다른 사람과 함께 하는 나'가 긍정적인 잠재의식 덕에 바람직한 언행을 갖출 수 있도록 말이다. 그렇게 '나', '너', '우리'가 되도록 괜찮은 하루를 꾸려낼 수 있다.

책《꿈을 이룬 사람들의 뇌》를 쓴 저자이자 신경과 뇌 분야를 연구하는 조 디스펜자 박사는 뇌에도 능력이란 게 있고, 우리의 노력으로 얼마든지 발전할 수 있다고 말한다. 또, 반복적인 생각이나 상상의 힘은 막강하다고 강조한다. 이렇게 쌓은 단단함은 갖은 시련에도 금방 무너지지 않는다. 마음 작동법을 알고 있기에. 성숙한 말과 태도를 지닌 사람들은 잠재의식을 자신에게 긍정적인 방향으로 프로그래밍할 수 있다.

A : 오늘은 행복한 하루가 될 거야. 상쾌하게 몸을 일으켜보자.

B : 오늘은 불행한 하루가 될 거야. 불쾌해서 일어나기 싫어.

하루를 시작하는 A와 B. 누구의 하루가 순조로울까? 분명히 A
다. 잠재의식을 산뜻하게 끌어올린 덕분이다.

A : 오늘은 좋은 하루였어. 부족한 부분은 잘 메워보자.

B : 오늘은 나쁜 하루였어. 부족한 부분은 어차피 안 돼.

하루를 마무리하는 A와 B. 누구의 하루가 보람찰까? 확실히 A
다. 잠재의식을 심기일전해 정리한 덕이다. 어떤 일에 대해서 A는
잘한 부분과 부족하기에 채워야 할 부분으로 구분한다면, B는 잘
못한 부분과 해도 포기할 부분으로 나눌 가능성이 크다. 잠재의식
회로가 A는 긍정적인 쪽으로, B는 부정적인 쪽으로 프로그래밍이
된 까닭이다. 앞으로 둘의 미래도 불 보듯 뻔하다.

이어서 '긍정성'에 주목해보자. 재정의할 필요가 있다. 긍정은
무턱대고 좋다고 여기는 게 아니다. 그건 현실에서 도피한 자기 합
리화일 뿐이라 도움이 되지 않는다. 오히려 똑바로 보지 못해 잘못

된 길로 들어서거나 장애물에 걸려 다칠지도 모른다. 다시금 상황을 직시했을 때 큰 상처를 받거나 깊은 상실감에 빠질 수 있다.

긍정성은 한마디로, 지금 인정할 건 시원하게 인정하되, 다음을 바람직하게 채워가는 멋진 모습을 의미한다. 나를 지켜내는 수호천사 '자존감'을 바탕으로 한다. '나를 존중하고 사랑하는 마음'이 튼튼하게 받쳐주어 의지하고 나아갈 수 있다. 위의 두 희극인은 남을 웃기는 일이 좋아서 하고 있지만 짓궂은 관객들 탓에 웃지 못할 사건들을 수도 없이 겪었을 것이다. 그 안에서 어쩔 수 없는 부분은 내려놓고, 나아갈 수 있는 부분에 집중했으리라. 특히 흔들리지 않는, 아니 덜 흔들릴 '줏대'를 장착했기에 가능했을 것이다.

나를 우스워하며 무시하는 이들은 신경 쓰지 않는 것, 대신 나를 재밌다며 응원하는 이들에게 집중하는 것, 일상에서도 나를 사랑하는 것, 그리하여 누가 보았을 때 나를 정중하게 대할 수 있게 만드는 것. 이 대단한 일들을 보란 듯이 해내고 있다. 노력해서 이뤄낸 거다. 누구든 나아가고자 하는 분야가 있다면 이들의 모습을 배울 필요가 있다. 자신과 직업에 대한 믿음을 쌓고, 꿋꿋이 지켜내는 자세. 갈수록 굳건해질 게 분명하다. 스스로 갑옷과 같은 매력을 입고, 지금도 무대를 즐기는 두 희극인. 나는 200% 확신한다. 그 시간 사이 은근하게 무시했던 사람들도, 그 매력 따라 확실하게 좋아하는 팬들로 돌아섰을 거라는 걸.

'거리감'
나를 지키고 상대를 존중하는 방법

"사람은 누구나 세 개의 삶을 산다. 공적인 삶, 개인의 삶, 비밀의 삶."

영화 〈완벽한 타인〉 클로징 장면에 나오는 대사다. 우리는 일터에서, 친구 앞에서, 애인 앞에서, 가족 앞에서, 모르는 사람 앞에서 저마다 다른 모습을 한다. 어떤 관계인지에 따라 어떤 모습으로 비춰지고 싶은지에 따라 내 모습, 말과 태도, 행동을 달리한다. 이외에도 남에게 보여주고 싶지 않은, 나만 아는 내 모습도 있다. 친해지는 과정에서 본모습을 하나씩 드러낼 수 있지만 일터의 동료에게 가족 앞에서의 내 모습을 보여준다거나 친구에게 애인 앞에서의 내 모습을 보여줄 수 없듯이, 어디까지나 그 관계의 범위 내에서만 드러내는 것이다. 정말 내 모든 것을 다 드러냈을 때 친밀감이 증가하는 관계는 사실 별로 없다.

건강한 관계는 서로 모르는 것도 있어야 한다. 늘 느껴오고 있다. 인간관계는 불가근불가원(不可近不可遠)이다. 너무 가까워도 탈이 나고, 너무 멀어도 문제가 된다. 누군가는 '고슴도치 딜레마'로 표현한다. 추워서 모이긴 하지만 막상 모이면 서로 가시에 찔리는 거다. 서로 친밀한 사이를 원하지만 막상 가까이 있으면 괴로울 수 있다. 참 어렵지만 '적당한 거리'를 유지하는 게 최선이다.

그 거리를 정하는 게 가능하긴 할까? 이동귀 연세대 심리학과 교수는 일률적으로 적용할 수 있는 심리적인 거리는 존재하지 않는다고 말한다. 사람들의 성향과 욕구가 다채롭기 때문이다. 사람마다 각자 정해놓은 적절한 거리의 기준이 다르기도 하고, 애초에 자신이 허용할 수 있는 거리가 어디까지인지 아직 잘 모르는 사람도 많기 때문에 관계를 맺을 때 시행착오가 있을 수밖에 없다. 그래서 사람의 성향을 파악하고 분석하는 주제는 항상 인기 있는 것이 아닐까 싶다. 자신과 타인을 이해하면 서로 적절한 거리를 조절하고 선을 지키는 것에 도움이 된다. 다음의 상황을 함께 보자.

- 과업 중심적인 박 부장과 관계 중심적인 양 과장

박 부장 : 난 일 잘하고 성격 못된 사람이 일 못하고 성격 좋은
사람보다 백번 나아. 인간관계는 업무를 수행할 때 문
제만 없을 정도면 돼.

양 과장 : 난 일 못해도 성격 좋은 사람이 일 잘하고 성격 못된
사람보다 백번 나아. 그런 사람이 결국 성과를 내더라
고. 소통하고 신뢰할 수 인간관계를 쌓은 덕분이지.

- 내향형(I형) C와 외향형(E형) D

C : 사람에 치인다. 금요일 저녁부터 일요일 저녁까지는 무조
건 침대를 사수하자. 혼자 있어야지.

D : 사람에 치인다. 금요일 저녁부터 일요일 저녁까지는 무조
건 나가서 놀자. 친구들한테 연락해야지.

나는 이 중에 어떤 타입인가? 먼저 박 부장과 양 과장을 살펴보

자. 박 부장과 같은 스타일이라면 일에 필요할 정도로만 인간관계를 유지하려고 애쓸 것이다. 양 과장 같은 스타일이라면 일할 때 두루두루 많은 사람과 잘 지내려고 애쓸 것이다. 박 부장은 성과가 재산이고, 양 과장은 사람이 재산이라고 여길 수 있다. 다음으로 C와 D를 살펴보자. C 같은 스타일이라면 좁고 깊은 관계를 원하고, D 같은 스타일이라면 많은 사람을 만나고 싶어 할 것이다.

이 중 옳은 사람도, 그른 사람도 없다. 누군가에게는 옳고, 누군가에게는 그를 것이기에. 이렇게 인간관계에서 '적당한 거리'란 건 100% 상대적이다. 그러니 어느 정도 거리가 적당할까를 고민하기 전에 자신을 파악해야 한다. 자기 점검의 시간으로 생각하고 다음 두 질문에 대답해보자.

'대인관계에 얼마나 많은 의미를 부여하는가?'

어떤 대답을 했는가? 각기 다를 것이다. 의미를 부여한다는 이들조차도 제각각 정도가 다를 것이다. 이를 한 번 돌아볼 필요가 있는 것이다. 이어 다음 물음에도 답해보자.

'내가 원하지 않는 사람과의 관계를 잘 참아낼 수 있는가?'

사회생활을 위해 기필코 참아내겠다는 이도, 결코 감내할 수 없다는 이도 있겠다. 이 또한 살펴보면 좋다.

본인을 잘 모르겠다면 E(외향)-I(내향), S(감각)-N(직관), T(사고)-F(감정), J(판단)-P(인식) 중 개인이 선호하는 4가지 지표를 토대로 하여 16가지 성격 유형으로 제시한 MBTI 검사나 대인관계검사를 해봐도 좋다. MBTI 검사 말고도 요즘은 MMPI라고 불리는 미네소타 다면적 인성검사, TCI라고 불리는 기질 및 성격검사 등을 받아볼 수 있다. 대인관계 관련 검사도 참 다양하다. 우리나라에서는 대인관계 형용사 척도(Interpersonal Adjective Scales)가 많이 알려져 있다. 쉬운 단어로 수월하게 살필 수 있어서다. 외국 학자들의 연구를 바탕으로 한국 실정에 맞게 만들어냈다. 다만 우리나라 연구진에 따라 항목이 조금씩 다르게 재편됐다. 주로 40개 전후의 형용사들로 대인관계 스타일을 점검할 수 있게 했는데, 다음과 같다.

번호	문항	전혀 그렇지 않다(1) 거의 그렇지 않다(2) 별로 그렇지 않은 편이다(3) 보통이다(4) 다소 그런 편이다(5) 상당히 그렇다(6) 매우 그렇다(7)
1	자신만만하다	
2	당당하다	
3	주장적이다	
4	추진력 있다	
5	자기 확신이 있다	
6	비판적이다	
7	당돌하다	
8	통제적이다	
9	자기 중심적이다	
10	오만하다	
11	불평이 있다	
12	퉁명스럽다	
13	냉소적이다	
14	배타적이다	
15	의심이 많다	
16	비사교적이다	
17	불안하다	
18	고립적이다	
19	회피적이다	
20	무미건조하다	

21	수동적이다	
22	비주장적이다	
23	자신 없다	
24	소심하다	
25	유약하다	
26	순박하다	
27	양보하다	
28	순진하다	
29	타인 중심적이다	
30	고분고분하다	
31	정답다	
32	친근하다	
33	친절하다	
34	아량이 넓다	
35	인정이 많다	
36	생기 있다	
37	쾌활하다	
38	사교적이다	
39	발랄하다	
40	외향적이다	

이 척도는 Wiggins(1979)의 'Interpersonal Adjective Scales'를 한국 실정에 맞게 번안해 정남운(2004)이 한국 대학생을 제작으로 타당화한 대인관계 형용사 척도다. 경북대학교 학생상담센터 홈페이지에서 발췌함.

내 안에 마음이 너무 많을 때, 내 안에 마음이 숨겨져 있을 때, 나도 마음을 모를 때는 이러한 검사를 참고해봐도 좋다. 단, 너무 심각해지진 말자. 이처럼 돌이켜본 나를 통해 자신과 누군가의 적정한 거리를 미리 알아두면 어떨까? 기질, 시기, 상황, 사람에 따라 달라질 수도 있다. 그러나 인간관계 때문에 가중되는 스트레스를 싹둑 잘라버릴 수 있는 촉매제가 될 수도 있다. 나와 맞는 거리감을 갖췄을 때 나도 지키고, 상대방도 지켜줄 수 있다. 그리하여 길게, 오래가리라.

이렇게 모두가 생각하는 인간관계의 바람직한 거리가 다르지만 공통적으로 염두에 두어야 할 부분이 있다. 서로 지켜야 할 최소한의 거리란 건 존재한다는 것이다. 친한 사이에서 듣기 쉬운 익숙한 표현들이 있다. "널 위해서 하는 말이야"라며 지나치게 관여하기도 하고, "너한테만 하는 얘기야"라며 과하게 드러내기도 한다. 서로가 맞으면 괜찮지만 그렇지 않은 경우도 왕왕 있다. '나 좀 내버려두지. 그 얘기까진 꺼내지 말지'란 생각이 들어 버겁다. 좋은 의도를 가지고 도움을 주고자 한 말이 정도가 지나친 거다. 집착이나 간섭처럼 여겨질 수밖에 없다.

곰곰이 따져보면 동료나 지인보다 정말 가깝다고 느끼는 가족이나 연인, 친구에게 더 많이 받아오고, 해오고 있다. 그만큼 귀해서다. 친한 사이일수록 더 자주 연락하고, 더 자주 만나고, 더 은밀한 부분까지 공유하기 마련이다. 단, 나는 네가 아니다. 너도 내가 아니다. 서로에게 너무 의존하면 각자 해결할 수 있는 일도 점점 함께 나누게 된다. 어느 순간부터는 혼자 할 수 있는 일이 아무것도 없게 된다. 혹은 제발 혼자 있고 싶어진다. 독립심이 떨어지거나 자유가 간절해진다.

일거수일투족 의존하는 관계는 뜨거운 여름에 입는 티셔츠와 같다. 땀으로 범벅돼 피부와 딱 달라붙어 찝찝해진다. 적절한 거리를 지키는 관계는 싸늘한 겨울에 입는 캐시미어 스웨터와 같다. 부들부들한 감촉이 몸을 보드랍게 감싼다. 적당한 거리가 건강한 관계를 오래 지속시킬 수 있는 비결이란 걸 기억하자. 하나 더, 혹시라도 자녀의 일기장을 몰래 보고 있다면, 사랑하는 그대의 휴대전화를 염탐하고 있다면, 소중한 존재의 SNS를 지독하게 드나들고 있다면 당장 멈추자.

'배려심'
감동은 사소한 매너에서 비롯한다

지하철에서 지키는 나만의 철칙이 있다. 어르신에게는 자리를 양보하자는 것이다. 높은 구두를 신은 날이라도, 무지하게 피곤한 날이라도. 이를 지키게 된 계기가 있다. 몇 년 전 밤 10시가 넘은 시간에 지하철을 탔다. 홍대입구역을 지나는 노선에는 술 취한 젊은 학생들이 가득했다. 그 틈바구니에 서서 편하게 앉아서 가고 싶다는 생각을 하는 찰나, 앞에 자리가 나서 잽싸게 앉았다. 퉁퉁 부은 발을 구두에서 반 정도 꺼내니 살 것 같았다.

얼마 지나지 않아서 여든은 넘어 보이는, 다리가 불편하신 어르신이 탔다. 안타깝게도 노약자석은 만석이었다. 어르신은 내 건

116

너편에 서 계셨는데, 앉아 있는 사람들은 자고 있거나 스마트폰을 보느라 어르신이 눈에 들어오지 않는 것 같았다. 알면서도 편하게 엉덩이를 사수하고 싶은 사람도 있었을 것이다. 하지만 노약자에게 자리를 양보하는 건 꼰대 마인드가 아닌 당연한 예의 아닌가. 아무리 힘들어도 어르신보단 팔팔한 우리다. 바로 그 어르신에게 내 자리를 양보했다.

"고마워요, 아가씨. 가방 이리 줘요. 내가 들고 있을게요."
"괜찮습니다, 어르신."
"아니에요. 그래야 내 맘이 편해요."

어르신 덕분에 어깨가 가벼워졌다. 나보다 먼저 하차하게 된 어르신은 고맙단 말을 수도 없이 반복하셨다. 부끄러울 만큼. 해야 할 일을 한 것뿐인데, 별것도 아닌 일인데, 짠한 마음에 괜스레 울컥했다. 잠깐 스친 인연이지만 어르신이 건강하게 지내시길. 그날 밤 작은 기도도 했다. 이렇게 내 입장에서는 사소한 행동이 상대방에게는 크나큰 감동일 수 있다. 우리의 마음이 그렇다. 또 몇 년 전, 내 생일을 함께해준 친구에게 잊지 못할 이벤트를 받은 기억이 지금도 선하다.

"진이야, 생일 축하해!"

"어머, 꽃다발이네! 꼭 애인 같다."

"다들 기프티콘으로 선물 주고받잖아. 왠지 꽃은 받지 못했을 것 같아서 사봤어. 꼭 애인만 주고받는 거 아니야, 사랑하는 친구 니까 주는 거야."

"감동이야. 고마워!"

사실 선물은 무조건 쓸모 있는 게 좋다고 생각하는 나다. 부모 님께는 현찰 담은 봉투, 지인 집들이에는 휴지와 세제 선물이 최고 라고 외쳤었다. 그런 나였지만 그날만큼은 참 좋았다. 친구가 숙 고한 흔적이 느껴져서였다. 꽃향기 따라 내 마음을 달달하게 달랠 수 있었다.

종종 우리는 배려라는 말 앞에 '사소한'이라는 수식을 붙인 다. 그렇다고 보잘 데 없거나 쓸데없지 않다. '나비 효과(Butterfly Effect)'처럼 나비의 작은 날갯짓과 같은 사소한 배려가 거대한 변 화를 일으킬 수 있다. 불편함이 편안함으로, 어색함이 자연스러움 으로, 불쾌함이 상쾌함으로, 위험함이 안전함으로, 차가운 공기가 따스한 분위기로. 일상에서 보면 빙긋 미소 짓게 하는 사소한 배려의 순간이 연출되곤 한다. 때론 낭만적이기까지 하다.

1. 뒷사람을 위해 문을 잡아주는 사람

2. 버스나 지하철 같은 공공장소에서는 통화하지 않는 사람

3. 전화할 때 말이 끝나기도 전에 '툭' 끊지 않는 사람

4. 늦은 시간에는 발소리에 주의하는 사람

5. 옆자리 일행을 위해 의자를 살짝 빼주는 사람

6. 초대받은 자리에 빈손으로 가지 않는 사람

7. 감사 인사를 빼놓지 않는 사람

8. 힘겨워 보이는 어르신을 달려가 도와주는 사람

9. 지친 동료에게 차 한잔을 건네는 사람

10. 근무 시간 이외에는 업무 연락을 하지 않는 사람

11. 회식 후 잘 귀가했는지 물어봐주는 사람

12. 끝난 자리를 한 번 더 점검하는 사람

내가 해오고 있고, 누군가에게 받아오고 있는 사소한 배려들이다. 삶에 찌들어 사는 우리에게 선한 자극이 되는 배려의 순간들. 상대방을 편안하게 해주면서 나도 마음이 따뜻해진다. 이근후 정신건강의학과 의사는 "행복은 신기루다. 작은 즐거움으로 슬픔을

덮고 살아야 한다. 그리고 하루하루 쌓은 재미가 인생의 격을 높일 수 있다"라고 말했다. 마지막으로 또 어쩌면, 내가 건넨 사소한 배려가 나의 일상을 지탱해주는 재미가 될 수도 있지 않을까? 그렇게 인생의 격까지 높아진다면 더할 나위 없다.

'진솔함'
가면을 벗고 솔직한 모습을 보여주자

인간관계가 하나의 수단이 되어가는 요즘, 상당수가 타인과의 관계를 '경험을 위해서', '경력을 위해서' 이용한다. 여기서 이용은 부정적인 의미가 아니다. 인맥이란 건 악용이 아니라 선용만 한다면, 일상과 커리어에 충분히 보탬이 될 수 있기 때문이다. 나 또한 필요해서 만나는 사람들이 꽤 많다. 서로가 도움을 주고받기에 건설적인 관계를 쌓아가고 있다고 자부한다. 최근에는 취미와 취향을 공유하는 사람들도 늘어나고 있다. 이를 요즘 '살롱 문화'라고 한다. 살롱은 프랑스에서 온 말로, 19세기 프랑스 상류사회 사교의 장을 뜻한다. 공통의 관심사를 기반으로 하는 일종의 동호회 개념이다.

거칠게 말하자면, 많은 이가 상대방도, 맺어가는 관계도, 일이든 취미든 무언갈 얻어내기 위한 소비의 대상으로 보고 있다. 씁쓸해도 어쩔 수 없다. 지금보다 앞으로 더 그렇게 변화할지도 모른다. 시간은 한정적이고, 할 일은 늘어나니, 실리를 추구하기 위한 관계에 치중하는 건 당연지사다. 사실 위에서 언급한 살롱 문화도 현대인의 복잡 미묘한 심리가 고스란히 반영돼 있다. 서로 가까운 관계로 얽히는 건 부담스러우면서도 완전히 도태되는 건 꺼리는, 그래서 깊은 관계보다는 얕고 넓은 인스턴트식 관계를 선호하는 것이다. 마음에 드는 옷을 고르듯 시간과 취향을 선택해서 참석하고, 마음에 들지 않으면 작별을 고하면 그만이다. 그렇게 맺은 인간관계는 참 삭막하기도, 가볍기도 하다.

나는 시대의 흐름을 인정하기로 했다. 나름 흐름을 타는 법도 익히고 있다. 약삭빠른 여우의 탈을 쓰기보다는 진솔한 나를 보여주는 쪽을 택했다. 그동안 수많은 관계 속에서 시행착오를 겪어왔고, 후자가 정답이란 걸 새삼 느낀다. 가면을 쓰고 나타난다고 해서 상대의 마음을 바로 얻을 수 있는 것도 아니고, 사람의 마음은 오직 제대로 된 마음으로 얻을 수 있다는 보편적 진리는 변하지 않는다. 앞으로도 그대로일 것이다. 그러니 '나의 말, 나의 모습'을 보여줄 작은 용기를 갖자. 살짝 포장과 가공이 들어가도 괜찮다. 어설프고 엉성해도 문제없다. 방어기제를 온몸에 가시처럼 뻗치고 있거나, 내 것을 공유하기 불편하다면 큰 용기일 수도 있겠다. 어느 쪽이든 좋다.

사실 목적을 기반으로 한 만남에서는 많이들 '내가 원하는 것'에 혈안이 되어 있다. 얄밉게까지 보이는 이들은 시합도 아닌데 경주마처럼 군다. 옆에서 보면 민망한 상황도 발생한다. 그들의 행동 패턴은 한마디로 요약할 수 있다. '질문은 많이, 대답은 적게' 자기 얘긴 절대 꺼내지 않으면서, 남의 얘긴 기필코 들어야겠는 사람이 많다. 최대한 내 것을 지키면서 남의 것을 얻겠다는 얄팍하고 이기적인 행동이다. 그들은 '대답 건너뛰고 질문하기' 즉, 역질문의 귀재다. A와 B의 대화를 살펴보자.

"반가워요. 이쪽에서 일하신 지는 얼마나 됐어요?"

"A씨는요?"

"아, 저는 10년 됐어요. 주로 어디에서 일하세요?"

"A씨는요? 주로 어디 나가요? L씨 알아요?"

"L씨 알죠, 어떻게 아는 분이세요? 저는 주로 여의도 쪽에서 일해요.”

“아, L씨도 아직 거기 있나? 페이는 어느 정도예요?”

“아, 그게…”

“우리 앞으로 친하게 지내요. 같이 스터디 하고, 모임도 같이 해요. 나 아는 사람 많아요.”

며칠 뒤, B가 A에게 전화를 건다.

“이번에 비즈니스 커뮤니케이션 강의를 하게 됐는데, 혹시 관련 자료 있어요? 진이 씨가 도움을 주면 내가 잊지 않을게요. 자료는 참고만 할게요.”

“네?”

맞다. A가 나다. 업무 관련 포럼에서 우연히 옆에 앉게 된 동종업계 B. 그녀는 득달같이 내 전화번호를 달라고 했고, 당일 점심도 같이 먹게 됐다. '혼자 왔는데 잘됐다'란 내 생각은 큰 착각이었다. B의 쉴 새 없는 질문 공세에 대답해주느라 체할 뻔했다. 내가 궁금한 걸 물어도 곧바로 역질문으로 돌아왔다. 대체 궁금한 게 왜 이리 많은 걸까? 본인 얘긴 왜 하지 않는 걸까? 나는 받고 싶고, 남은 주기 싫은 심보인 걸까? 당시 어리숙했던 나는 B가 요청한 자료를 넘겨주었다. 놀랍게도 그 자료는 그녀의 블로그에 마치 자신의 글인 것처럼 공개됐다.

이후에도 난 수많은 B-1, B-2, B-3, B-4, B-5 등을 당해내고 있다. 일명 '떠보기식'의 대화 패턴을 지닌 이들은 '질문은 많이, 대답은 적게', 역질문의 고수이자 얄미운 실체다. 나 또한 언제부터인가 이런 사람에게만은 내 것을 드러내지 않기로 했다. 목적이 있든 없든 자신의 것을 세련되게 드러내는 사람을 가까이하고 있다. 투명해 보이는 은은한 사람 말이다. 내 것과 네 것이 적절하게 균형을 이루는 아름다운 모양새는 마치 잘 버티고 있는 시소와도 같다. 서로 오름과 내림을 경험하며 '쿵짝을 맞추는 짝꿍'이 된다.

얕고 넓은 관계가 지배적인 요즘도, 어찌 바뀔지 모를 앞으로도, 사람과의 관계에는 변하지 않는 게 몇 가지 있다. 진심은 언젠가 전해진다는 것, 상대방의 마음을 얻기 위해서는 내 마음도 솔직하게 보여줘야 한다는 것. 마지막으로, 이 진솔한 사람들은 서로를 알아채는 놀라운 투시력이 있다는 것이다.

'반전매력'
언제나 새로운 매력을 보여준다

"이 시스, 시스, 시스템은… 소, 소속된… 죄송합니다, 여러분. 발음이 유난히 꼬이네요."

"아니에요. 귀여우세요, 교수님."

"저요? 설마요."

200명 가까이 되는 학생들을 만났던 나의 첫 교양 수업. 몇 주 내내 실수 없는 모습에 우쭐했는데, 한순간에 와르르 무너졌다. 말을 더듬는 내가 우스웠을 텐데 귀엽다니 말도 안 된다. 심지어 화술 과목의 발음 교정 파트였다. 분명한 건 나의 실수 때문인지, 덕택인지 이후로 학생들과의 관계가 느슨하고 편안해졌다. 분명 가르치는 자와 배우는 자의 선은 지켜야겠지만 내적 친밀감이 느껴질 때 현장은 훨씬 수월하다.

친한 동료는 "강의는 분위기가 다하지"라는 말을 습관처럼 내뱉는다. 맞는 말이다. 그 실수가 부드러운 분위기를 만들어준 걸까? 이후로 학생들과 부쩍 가까워지고 서로 공감할 만한 이야기를 주고받으며 한 학기를 완주할 수 있었다. 학생들은 '처음엔 다가서기 어려웠는데, 갈수록 인간미가 느껴져요'라는 말들을 틈틈이 건넸다. 나는 그 말을 칭찬으로 받아들이기로 했다. 그리고 유능함 안에 새로운 무언가가 있을 때 한 사람의 매력이 더해질 수 있겠다 싶었다.

여성 임원이나 리더들은 유머를 사용하는 것이 인간적인 면모와 유능함 사이의 딜레마를 극복하기 위한 좋은 방안이 될 수 있다는 점을 기억해야 한다. 나아가 유머가 더 큰 리더십 영향력을 행사하는 방법 중 하나라는 점을 인지할 필요가 있다.

한 일간지에 박종규 뉴욕시립대 경영학과 조교수가 '여성 리더의 반전매력 비결은 유머'란 헤드라인으로 오피니언 글을 기고

했다. 프랑스와 미국에서 학자들과 업계 전문가로 구성된 연구팀이 테드 강연 영상을 분석했는데, 유머를 사용하는 여성 강연자들이 가장 깊은 인상을 남길 수 있었다고 한다. 아직까지도 많은 사람이 여성은 재미없다는 고정관념을 갖고 있는데, 이걸 깨뜨린 게 가장 주효했다. 유머는 인간성과 유능함이라는 2가지 속성을 동시에 갖췄다고 느끼게 해준다고 한다. 더욱이 유머의 방향이 '강연자'를 향할 때 더 효과가 좋았다. 누군가를 조롱하거나 비꼬는 게 아닌, 본인을 낮추거나 처했던 상황을 풍자하는 방식으로 말이다. 아마 냉소적인 빈정거림이 아니라 악의 없는 겸손함으로 보이는 게 아닐까?

평소 보이던 것과 상반된 모습이 주는 매력, 전에 접한 기억이 없어 익숙하지 않은 색다른 매력을 흔히 '반전매력'이라고 한다. 예상하지 못해서 더 새롭고, 더 재밌고, 더 신기한 느낌이랄까. 그래서 더욱 궁금해진다. 예능 프로그램에 배우들이 출연했을 때 더 이목을 끄는 이유가 있다. 배우가 가지고 있던 고유의 이미지를 깨고 다른 모습을 보여주기 때문이다. 험상궂은 캐릭터를 연기하는 배우가 상냥한 모습을 보여주거나, 여성스럽고 참한 이미지의 배우가 오토바이를 타는 모습을 연출하거나, 주당 얼굴을 하고선

술을 전혀 입에 대지 못하거나, 번지르르한 외모와는 상반되는 아저씨 같은 패션을 보여주면, 대중들은 열광한다. 비호감이었다면 호감으로, 호감이었다면 극적 호감으로 상승세를 탄다.

일상의 우리도 마찬가지다. 어설프게 자존심을 지키는 것보다 새로운 무언가를 드러내면 어떨까? 가지고 있는 고유의 이미지를 뒤엎는 정도로 여기면 되겠다. '뒤엎는'이 부담스럽다면, 살짝 '빗겨가는' 정도도 괜찮다. 늘 흰 밥에 물 말아먹는 식단은 밋밋하고 뻔하다. 때로는 김치도 없고, 더러는 고기도 넣고, 가끔은 생선도 함께 먹어야 맛있다. 한 사람에 대한 매력도 그렇다. 반감기 후에 상승기를, 상승기 후에 급 상승기를 맞이하고 싶다면 '숨겨진 반전 매력 카드'를 꺼낼 차례다.

'동일성'
결이 맞는 사이가 되자

사람은 물든다. 사랑하는 두 사람은 험한 세상을 예쁘게 만들기도 하고, 좋아하는 두 사람은 어색하기 짝이 없는 분위기를 자연스럽게 띄우기도 한다. 그들은 서로에게 '결'을 맞춰, '격'을 갖추고, '곁'에 있는 존재다. '결', '격', '곁'을 하나씩 떼어서 그 안에 담긴 관계의 비법을 배워보자.

1. '결'이 맞는 사이

흔히들 결이 맞는 사람이 이상형이라고 한다. 결이 맞는다는 건 뭘까? 사람 대 사람으로서 성격, 가치관, 취향 등이 비슷한 걸 의미할까? '결'은 '성품의 바탕이나 상태'를 말한다. 한 심리상

담가는 영어로 바꿔 말하자면 사람 사이의 화학 반응을 뜻하는 'Chemistry'가 적당하다고 말한다. 구태여 많은 말을 하지 않더라도 마음이 동하는 사람을 결이 맞는 사람이라고 하지 않을까?

단순히 MBTI가 비슷해서, 성향이 닮아서, 취미가 같아서가 아니다. 그 바탕에는 서로를 위한 은근한 끈기가 있다. 서로의 희로애락을 곧바로 표출하지 않고 천천히 표현한다. 즐겁다고 방방 뛰거나, 화난다고 버럭 소릴 지르거나, 슬프다고 24시간 징징대거나, 기쁘다고 나대지 않는다. 함께 조심하는 성숙한 마음씨로 감성적인 리듬을 맞춰간다.

정서적인 지능 즉 EQ가 발달한 사람들은 이 여과 장치를 스스로 제어한다. 자신의 감정을 이해하고 관리하는 능력이 있으니 자연스레 타인의 감정도 헤아릴 여력이 생긴다. 이런 사람의 곁에서는 버겁거나 긴장되지 않는다. 그러니 아무 탈 없이 즐겁다. 이윽고 결이 맞는 사람이라고 믿게 된다. 100% 결이 맞는 사람은 없다. 100%를 향해 결을 맞춰가는 사람이 있을 뿐이다. 무작정 나만이 아닌, 서로 맞춰갈 때만 가능하다.

2. '격'을 갖추는 사이

'격'에 대한 부담을 타파할 필요가 있다. 우리는 '격조 있다'는 말의 의미를 거창하게 해석하는 경향이 있다. 왠지 비싼 턱시도를 입고, 어려운 용어를 섞어가며, 유창한 말솜씨를 뽐내야 할 것 같아서 꺼려진다. '격'은 주위 환경이나 형편에 잘 어울리는 것 정도로 이해하면 충분하다. 이때 T.P.O를 지키는 사람들이 함께 있을 때 '격'을 갖춰갈 수 있다. 원래 T.P.O란 Time(시간), Place(장소), Occasion(상황)의 첫머리를 딴 약자인데 패션업계에서 주로 쓰는 용어다. T.P.O에 따라 옷차림을 달리하는 것에 맞춰 다양한 형태의 상품을 개발하고 마케팅에 활용하는 걸 일컫는다. 이를 내 말과 태도에도 적용해보자. 앞으로 내가 맞이할 시간, 위치할 장소, 처할 상황을 미리 고민해보는 것이다.

"참 괜찮은 사람이야."

이런 소리를 듣는 이들은 대개 T.P.O를 잘 지킨다. 분위기를 잘 이끌고, 잘 타는 사람으로 인정을 받는다. 어떤 자리든 T.P.O를 갖추지 못하면 '꽝'이다. 말을 잘해도 소용없다.

'격'을 갖추는 건 화술의 영역이라기보다는 센스의 영역이다. 수업 시간에 10분씩 늦는 학생, 결혼식장에서 신부보다 더 화려하게 입은 하객, 모두가 화기애애한데 혼자만 울상인 동료, 회의에서 본인이 할 말만 열중하는 상사, 모임이 끝나 다들 가방을 싸고 있는데 연달아 질문을 쏟는 참가자. 모두 T.P.O를 헤아리지 못한 까닭에 격 떨어지는 NG를 만들었다. 미리 신경 썼다면 이 부조화를 피할 수 있었다. 조화로운 공존을 만들어낼 구세주 T.P.O가 처방전이다.

3. '곁'에 있는 사이

지금의 내 삶은 곁에 있는 사람들과 함께 간다. 평생을 나눌 동지가 될 수도, 잠깐만 지낼 시절인연이 될 수도 있다. 무엇이든 괜찮다. 그 안의 자신이 마음에 썩 들길 바랄 뿐이다. 그리고 다음 말을 곱씹자.

"나에게 남을 사람은 어떻게든 남는다."

내 주변인들을 대하는 느슨한 태도를 권해본다. 애를 쓰지 않아도 살포시 내 옆에 와 있는 사람이 있다. 반면, 애를 쓸수록 멀어지는 사람도 있다. 머리 붙잡고 고민한다고 해도, 분석해서 원인을 강구한다고 해도, 명증하게 해결되지 않는 사이도 있다. 사람은 진심으로 대하는 게 맞다. 그리고 살짝 내려놓는 것도 필요하다. 무턱대고 기대하는 건 금물이다. 내가 베푼 만큼 돌려받겠다고 다짐하거나 내가 원하는 만큼 바라는 건 어리석다. 상대방에게 부담스러운 존재가 되고 싶지 않다면 유의하자. 내가 통제할 수 없는 부분에는 과감히 손을 떼자. 돌이켜보면, '곁'에서 오래 머무는 사이는 서로의 보살핌이 있다. 아늑한 여운을 남긴다. 생존과 연관될 수도, 생업과 관련될 수도, 일상의 즐거움일 수도 있다. 그 근본이 맞기에 시간과 공간을 나눌 수 있다.

한 희극인은 평범함이 장점이라고 자찬한다. 닉네임은 슈퍼 노멀(Super Normal). 특출난 캐릭터 없이도, 색다른 개성 없이도 괜찮다고 여기는 이유는 하나다. 과함과 부족함은 불안하다는 것, 나와 비슷하게 느껴지는 평범함에 끌린다는 것이다. 우열을 느끼지 않게 함께 가주는 사람은 오래간다. 그렇게 '결'을 맞추고, '격'을 갖추고, '곁'에 있는 존재는 의심할 여지가 없다.

'전문성'
영리하게 말하는 사람에게 끌린다

공식적인 대화는 늘 주도하는 인물이 존재한다. 전반적으로 꾸리는 주최자, 실질적으로 이끄는 조력자. 이들의 말은 '역시'라고 감탄할 만큼 빛난다. 압도하는 달변을 보고 있노라면 빨려 들어갈 듯하다. 어느 순간 수긍하게 된다. 마력처럼 다가오는 매력적인 말. 이 안에는 굳건한 심지를 바탕으로 하는 지적 아우라가 흐른다. '그렇지'라고 무릎을 치게 만드는 영리한 말은 다음의 2가지 재료를 번갈아 쓴다.

1. 데이터로 전문가답게 말하기

'말이 되는 소리'를 하려면 데이터가 필요하다. 여기서 데이터는 의미 있는 정보로 이해하면 된다. 전문가가 말한다고 무조건 수긍하는 시대는 지났다. 어느 분야든 설득할 대상자들의 눈높이가 점점 높아지고 있다. 이때 납득할 만한 데이터로 방점을 찍으면 어떨까? 뭉툭한 연필보다 뾰족한 연필이 선명하게 써지듯, 정확할수록, 세세할수록 좋다. 바로 이런 식이다.

한 화장품 연구회사에서 새 수분크림 출시를 앞두고 있다. A팀과 B팀이 각축전을 벌이는 가운데 대주주를 대상으로 한 PT에서 하나의 제품만이 최종 선택을 받게 된다. PT의 일부를 엿보자.

A팀 : 이번 수분크림은 친환경 시대에 발맞춰 개발했습니다. 이에 신체에 안전합니다. 저희 팀은 앞으로도 선한 영향력을 발휘하기 위해 애쓰고 있습니다. 자리에 있는 자료를 참고하시면 됩니다.

B팀 : 에버그린 수분크림은 친환경 시대에 발맞춰 38개월 동안 하루 12시간을 꼬박 투자해 개발한 제품입니다. 특히 정제수, 판테놀, 라벤더 오일을 비롯해 8개 전 성분 모두 EWG 그린 등급을 받았습니다. 세세한 항목은 자리 위의

유인물 5페이지를 보면 확인할 수 있습니다. 유해 가능성이 1%라도 있는 성분 2가지, 즉 옥시벤존과 아이소프로필그레솔은 이번 제품에 생략했습니다. 당연히 신체에 안전합니다. 다음 6페이지 오른쪽 위의 그래프에 자세히 나와 있습니다. 앞으로 제품 수익의 0.5%는 친환경 나눔 기부에 쓰일 예정이기도 합니다.

　A팀과 B팀의 수분크림 품질이 비등비등하다면, 어떤 제품이 선택될 확률이 높을까? 바로, B다. 데이터가 촘촘하게 채워져 구체적이기 때문이다. B팀처럼 이야기할 때는 관객의 수준에 따라 용어 그대로 써도, 용어를 비유해서 풀어주어도, 용어의 의미를 설명해주어도 좋다. 자연스럽게 말에 힘이 실린다. 숫자와 용어를 전면에 세운다는 건 그만큼 확실하다는 거다. 그래서 믿음직하다. 이처럼 몰입할 수 있는 전문가의 말 사이에는 데이터가 있다. 당연히 임팩트가 있어 뇌리에 콕 박힌다. 더 나아가 굳이 신경 써서 이해하지 않아도 될 만큼 쉽다. 숫자 1은 누구에게나 1, 대한민국은 언제나 대한민국이다. 이처럼 숫자와 용어를 활용하면 잘못 이해하거나 헷갈리지 않는다.

데이터를 모으기 위해서 최대한의 공력을 들여야 한다. 최신 정보를 새롭게 수집하고, 모르는 용어를 검색하고, 출처가 믿을 만한지 점검하고, 글자나 숫자가 틀렸는지 체크도 해야 한다. 더불어 소개할 대상자들에게 쉽게 설명할 묘책까지 짜내야 할지도 모른다. 이는 부지런한 전문가만이 가능한 수고다.

2. 고유명사로 전문가답게 말하기

'이해가 되는 소리'를 하려면 고유명사가 필수다. 형용사와 부사보다는 명사, 명사보다는 고유명사다. 추상적인 단어가 아닌 구체적인 단어를 써야 한다. 관념적인 상상이 아닌 생생한 그림을 그릴 수 있도록. 야무지게 힘을 주어 꾹 눌러주는 모양새다. 쉬운 예를 들어보겠다.

최선을 다한 ▸ 하루 10시간, 3년을 준비한

예쁜 사람 ▸ 전지현

비싼 ▸ 천만 원

오랫동안 ▸ 10년 동안

많은 ▸ 오억 개

빠른 속도 ▸ 100km/h

꼼꼼한 ▸ 서류에 오탈자가 하나도 없는

좋아하는 ▸ 성인 만 명을 대상으로 한 설문 조사에서 1위를 차지한

선호하는 ▸ 판매율 38%가 증가한

남을 돕는 ▸ NGO에서 봉사활동을 하는

왼쪽보다 오른쪽이 직관적으로 이해된다. 가끔 내가 말하든 남이 말하든, 남는 게 별로 없을 때가 있다. 썩 괜찮은 말들로 포장은 됐는데, 알맹이가 없달까. 과대 포장된 선물세트처럼 실속이 없다. 그때는 고유명사가 담겼는지 바로 확인해보자. 거의 없거나 아예 없을 수도 있다. 고유명사 활용의 귀재 스티브 잡스 PT 일부를 들여다보자. 실용적이다 못해 적나라하기까지 하다.

– 2008년 세계개발자회의 시연 중에서

3G가 좋은 이유는 데이터를 빨리 다운로드할 수 있기 때문입니다. 3G에서는 21초가 걸립니다. 2G에서는 59초가 걸렸죠. 같은 전화기로 같은 장소에서 실험을 했는데 3G가 2.8배 빠르게 나왔습니다. 거의 와이파이 속도에 가깝습니다. 이건 정말 빠른 겁니다.

우리는 2년 전 기념비적인 제품을 소개했습니다. 티타늄 파워북은 출시하자마자 최고의 노트북이 되었습니다. 우린 더 많은 데스그톱 이용자들을 끌어내기 위해 한 단계 더 나아갈 것입니다. 바로 새 17인치 파워북입니다. 이 제품은 17인치 와이드 스크린을 갖췄습니다. 닫으면 두께가 2.5센티미터밖에 되지 않습니다. 역대 가장 얇습니다.

단순히 '빠르다'라고만 한다면, 어느 정도인지 예측하기 어렵다. 정확한 시간을 알려주었기에, 심지어 과거의 것과 비교까지 했기에 가늠이 된다. 와이파이 속도에 대한 개념만 알고 있다면 전부 이해하기 쉬운 내용이다. 노련한 전문가는 이해하기 쉽게 말한다.

나는 늘 되새긴다. 말하는 자가 애써서 준비할수록, 듣는 자는 저절로 이해할 수 있다는 걸. 가려운 곳을 시원하게 긁어준다. 스포츠 용어인 '스위트 스팟(Sweet Spot)'과 닮아 있다. 이는 효과적인 타격점이란 뜻이다. 가성비가 좋은 말에는 데이터와 고유명사가 버티고 있기에 든든하고 튼튼하다. 어떤 힘을 받아도 흔들리거나 부서지지 않는다. 하품이 나오는 무딘 말이 아닌 탄성이 나올 만한 날카로운 말, 두드러지고 뛰어난 말, 그것은 바로, 엣지(edge) 있는 전문가의 말이다.

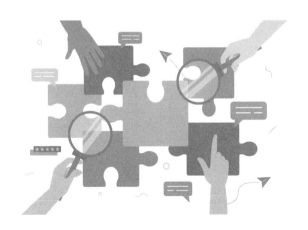

'인내심'
타이밍을 읽을 줄 알아야 한다

"발라드는 대부분 이별에 대한 이야기다. 헤어지면 다시는 볼 수 없는 사랑에 관한 이야기다. 근데 요즘엔 다 볼 수 있지 않냐. SNS에 치면 나오고, 물어보면 되고. 헤어짐이 단절이던 시대에 애절하게 들렸던 발라드가 이제는 그렇지 않다."

한 발라드 가수의 말이다. 발라드가 더는 주류가 아니란 그의 말이 수긍이 가면서도 씁쓸했다. 그리워하고, 보고파 하고, 기다리고, 고대했던 시간 대신 빼곡하고, 촘촘하고, 빽빽하고, 암팡지게 연결된 관계망. 궁금하지 않아서 편한 시간을 지나 버거울 만큼 고된 시간을 살아내고 있는 우리다. 그러니 이제 '인내심'이란 마음가짐을 장착할 때가 온 듯하다. 타이밍을 알아주고, 타이밍을 내주면 그뿐이다. 특히 일할 때 '고마운 존재'다.

먼저 타이밍을 알아주는 사람이 있다. 나의 시간을 살펴주는 존재다. 시도 때도 없이 연락을 해오는 사람은 어느 누구라도 반기지 않는다. 특히 일할 때는 더욱 그렇다. 출퇴근 시간의 경계를 지켜주지 않는 사람 때문에 피곤함을 느끼는 A의 하루를 잠깐 들여다보자.

(출근 전)

모닝콜이 울리기도 전에 문자 진동음에 깬 A. 늘 그랬듯 직속 상사인 B의 문자다. 가끔 뜬금없는 새벽 시간에 그날의 업무지시 내용을 미리 보낸다. 본인이 아침형 인간이란 건 잘 알겠는데, 제발 잠 좀 자자.

(출근 중)

지옥철에 탄 A. 자리에 앉아 쾌재를 부르는 것도 잠시, 화들짝 놀란다. 어제 늦은 밤에 인스타그램에 맛집 피드를 올렸는데, B가 댓글을 달아서다. 그의 팔로우가 거슬렸던 터라 더 신경질 난다. 이

참에 비공식계정을 만들든지 해야겠다. '오, 맛집 갔네. 여유가 넘치네'라는 B의 댓글은 어떤 의미일까? 괜히 비아냥거리는 것 같다. 그가 산적해 있는 업무 이상의 일들을 줄까봐 겁난다.

(퇴근 후)

약속이 있는 A. 회사를 탈출해 한숨 쉬어가던 찰나, 휴대전화를 보니 부재중 전화 3통이 찍혀 있고, 문자가 와 있다. 또 B다. '요청한 기획서 마감 일정, 조금만 당길 수 있어요? 자세한 얘긴 내일 해요.' 참나, 급한 게 아니라면 내일 얘기하지 싶다. 그래도 꾸역꾸역 답장을 쓴다.

A는 안쓰럽고, B는 밉다. 누군가에게 연락을 청할 때는 상대방의 사정을 한 번만 생각해보면 어떨까? 특히 업무상으로 만난 관계라면 눈치를 보라는 게 아니라 신경을 쓰자는 거다. 물론 급한 상황이라면 예외다. 그게 아니고는 출근 전, 퇴근 후, 주말, 이른 새벽, 늦은 밤에 연락을 자제하는 게 맞다. 최소한의 프라이버시를 지켜주는 마음씨를 쓸 때다.

일하는 시간은 늘 같은데 10년, 5년 전보다 일의 속도가 나지 않는다고 느껴진다면? 과한 연락망 때문에 고행길을 걷고 있을 수 있다. 이 사람의 메신저에 답장하고, 저 사람의 질문에 답변하고 나면 진짜 내가 할 일을 미룰 수밖에 없다. 그래서 타이밍을 내주는 사람, 요청한 후에 기다려주는 존재가 필요하다. 늘 야근하는 C의 이야기를 보자.

D 팀장 [C씨. 올해 달력 디자인 메일로 보내줄래요?]

C   [네, 잠시만요. 바로 찾아볼게요.]

D 팀장 [아, 작년이랑 재작년 것도 있어요?]

D 팀장 [그해 가장 반응이 좋았던 게 뭐죠? 메일에 같이 표시해서 보내주세요.]

D 팀장 [아니다. 5년 치 다 보내주세요. 빨리요.]

…

D 팀장 [바빠요? 읽었으면 바로 답변해요.]

C   [찾느라 지금 봤어요. 정리해서 보내 드리겠습니다.]

촉새처럼 쪼는 D의 메시지에 일일이 답장을 하니 일이 미뤄지는 모양새다. D가 조금만 기다렸다면 오히려 C에게 요청한 일이 빨리 처리됐을 수도 있다. D만 급한 게 아니다. 요청받는 C는 더 다급하다. 중간중간 D의 메신저를 읽고 답하느라 더 늦어질 게 뻔하다. 이른바 물리적 시간이 아닌 상대적 시간이라는 게 있다. 내가 인지하는 시간과 상대방이 파악하는 시간은 다르다는 의미다. 숙련도에 따라, 기술력에 따라, 실력에 따라, 처한 상황에 따라 제각각이다. 그러니 무언가 일을 요청했다면 기다려주자. 최대한의 여유 시간을 느긋하게 주는 미덕을 발휘할 때다.

갈수록 빠른 걸 좋아하는 우리다. 외국인이 한국에 오면 "빨리빨리"란 단어를 가장 먼저 배운다는 우스갯소리도 들려온다. 그러나 급한 밥에 체하는 법. 서두르다가 틀리거나, 다그치다가 실수할 확률이 농후하다. 강박 때문에 잘할 일도 못한 일이 되는 수가 있다. 그러니 제발 숨 쉴 구멍을 만들자. 나에게도, 너에게도, 우리 모두에게도. 일상에서, 업무에서 타이밍을 알아주고 내어주는 자. 바로, 참고 견디는 마음을 장착한 자다. 나의 타이밍에만 매몰되지 않고, 상대방의 타이밍도 헤아려주는 고마운 존재. 이제 나도 할 수 있다.

'동경성'
배울 점이 있는 사람과 만나자

"내가 배울 점이 있는 사람을 만나야 해요. 하나라도 배울 구석이 있는 사람과 친구 하세요."

내가 중학생이던 시절, 윤리 선생님께서 한 말이다. 아직도 내 가슴에 생생히 남아 있다. 이 말의 의미를 그때는 미처 몰랐고, 지금은 막연히 알겠다. 어른의 지혜를 배우자는 의미였다. 한마디로 '나은 인간'이 되자는 귀하고도 높은 뜻. 곱씹어볼수록 선생님은 단순한 잔소리가 아닌 혜안을 곁들인 조언을 전해주신 듯하다. 인생의 선배로서 망망대해와 같은 인생 경험을 통해 이미 깨달은 거겠지 싶다. 나는 이 조언을 곱씹고, 경험하고, 되새기고, 또 겪으며 지내고 있다. '어떤 사람을 만나야 할까?'를 갈수록 더 깊이, 자주 생각하게 된다. 주변 사람들에게 영향을 주기도 하고, 영향을 받기도 하며 살아가는 나이기에 더 살피게 된다.

부산국제영화제에서 팬들과 만난 윤여정 배우가 "고급과 놀아라"란 말을 해 화제가 됐다. 그녀는 "친구를 사귀고, 지인을 만나더라도 고급스러운 사람과 놀아야 한다. 돈으로 고급이 아니다. 나보다 나은 사람과 만나야 내가 발전할 수 있다"라고 덧붙였다. 오랜 연륜에서 비롯한 인생의 지혜를 시원시원한 입담을 통해 들으니 얼마나 반갑던지. 여기서 '고급스러운 사람'에 대한 제대로 된 정의를 내리자. '고급스러워서 배울 게 있고 친하게 지내고 싶은 사람'이란 표현이 정확하다.

단순히 외모가 귀티 나는 사람, 돈이 많은 사람, 학식이 높은 사람, 언변이 좋은 사람, 관계에 능한 사람을 말하는 게 아니다. 긍정적인 기운을 퍼뜨리는 사람, 말보다는 행동으로 보여주는 사람, 늘 책을 가까이하는 사람, 언제나 성장하기 위해 노력하는 사람, 언행일치를 실천하는 사람, 부러움을 자신의 발전 계기로 활용하는 사람 정도가 어떨까? 물론 나만의 정의이긴 하다.

누군가는 사람을 가려 만나는 게 아니냐고 딴지를 걸지도 모르겠다. 그러나 우린 강도만 다를 뿐 주변에 물든다. 옮아가고, 닮아가기에 좋은 쪽으로 흘러가길 바란다. 싫어하는 사람의 생각과 행동을 어느샌가 따라서 하고, 그걸 인식했을 때의 불쾌함을 느꼈던 적이 있는가? 그랬다면 더욱 내 삶과 함께할 사람들을 주체적으로 선택해 만날 때다. 좋아하는 사람을 만나 자연스럽게 흡수되고, '나도 괜찮은 사람이 되어가는구나'라고 느낄 수 있도록.

대인관계 이론 중 '던바의 수(Dunbar's Number)'라는 게 있다. 인간이 안정적으로 관계를 형성할 수 있는 적정한 수는 150명 정도라는 것이다. 아무리 마당발이라고 불리는 사람도, 휴대전화 연락처에 수천 명이 번호가 담긴 사람도 예외는 없다. 더 깊이 들어가면, '던바의 우정의 원(Dunbar's a Circle of Friendship)'도 있다. 5명은 절친한 친구, 15명은 친한 친구, 50명은 좋은 친구, 150명은 친구, 500명은 지인, 1500명은 이름을 아는 사람, 5000명은 얼굴을 아는 사람이 최대치라는 것이다. 이 중에서 나에게 직접적인 영향을 미치는 사람은 5-10명 내외라고 말한다. 흔히들 "주변 5명의 평균이 곧 나의 수준이다"라고 말하는 것도 이 때문이다.

언제부터인가 나에게는 2가지의 습관이 생겼다. 내 능력 이상의 일을 해내는 사람에게 배우려는 습관, 내 주변인들의 좋은 점을 찾아보려는 습관. 이 시간 사이에 스스로 훌쩍 크고 있다고 자신한다. 저절로 나의 모습도 돌이켜보면서 마주치지 않고 싶었던 내 치부와 단점을 고쳐가고 있기에. 그것이 내 말과 태도에도 드러나기를 바란다. 그리하여 언젠가는 누군가의 성장에 기폭제가 되겠다는 다짐도 한다. '고급스러워서 배울 게 있고 친하게 지내고 싶은 사람' 정도면 좋겠다.

세상에는 훌륭한 사람들이 많다. 고수라고 불릴 만한 사람도 많다. 그러니 내 인간관계를 미리 가두지는 말자. 그게 전부라는 착각에 빠져 주저앉는다면 아깝다. 스스로 발전하기 위해 나보다 나은 사람을 만나보길 추천한다. 먹이를 찾는 하이에나처럼 음흉한 모양새가 아닌 보물을 찾는 아이처럼 순수한 모습으로.

'긴장감'
관계에 목매지 않는다

상호허겁(相互虛怯), 서로가 상대를 적당히 두려워하는 관계.

　이 참신한 조어는 최재천 동물학자가 만들었다. 그는 자연의 수많은 존재를 연구한다. 동물, 식물, 곤충, 그리고 인간 생태계까지도. 그는 사회 조직이 대자연과 닮았다고 역설한다. 자연은 남을 해치면 잘 사는 것이 아닌 상태로 진화했다는 것. 인간도 경쟁에서 살아남으려면 서로 도와서 한계를 뛰어넘을 수 있어야 한다는 것. 한마디로 '손을 잡아야 살 수 있다'라는 거다. 하모니처럼, 서로가 상대를 적당히 두려워하고 약간은 비겁해지는 상태가 인간 생태계에서는 최적이라고도 한다.

위 의미가 담긴 시가 한 편 있다. 레바논의 대표 시인 칼릴 지브란의 〈함께 있되 거리를 두라〉다.

서로 사랑하되 사랑으로 구속하지 말고,
서로 가슴을 주되 가슴속에 묶어두진 말고,
서로 서 있되 너무 가까이 서 있지 말라.

서로의 관계를 지속하기 위해서는 일정 거리를 유지해야 한다는 의미다. 이때 일정 거리라는 말을 '매너'라는 말로 치환할 수 있지 않을까? 다만, 이건 시대의 흐름에 따라 흐름을 타는 사람들의 인식에 따라 재정의된다. 과거에는 고개를 가로저었다면 오늘날은 끄덕이는, 한마디로 아닌 게 맞는 게 되기도 한다. 요즘 사회 구성원으로서, 조직 일원으로서의 매너는 '건강한 긴장'인 듯하다. 이는 일방향이 아닌 쌍방향일 때 알맞다.

송길영 빅데이터 전문가는 "요즘 사람들은 맞지 않는 게 있으면 자유의지를 기반으로 분자처럼 떠나간다. 상대는 언제든 떠날 수 있고, 어디서든 다시 만날 수 있다는 인식이 중요하다"라고 말한다. 유동성과 유연성이 자리 잡은 시대라는 이야기다. 과거에는 나이가 어린 사람, 직급이 낮은 사람만 눈치를 봤다면 이제는 함께 봐야 한다.

　내 옆의 사람과 '건강한 긴장'을 유지하는 것을 내 말과 태도로 삼자. 인간관계에 참 신경 쓸 게 많다고 여길 수도 있겠다. 다만 누군가 긴장할 때 다른 한쪽에선 일말의 긴장감조차 느끼지 않는 상황이 계속된다면 그 관계는 어느샌가 막혀버린다. 한쪽이 도망갈 수도 있다. 그러니 애써본 이 마음들이 예방주사가 될 수 있다는 걸 명심하자.

'일치성'
신뢰의 기본을 잃지 말자

"본심이 뭘까?"

　궁금하게 만드는 사람들이 가끔 있다. 처음에는 분명히 매력적이고, 확실히 호감이 가는 사람이었는데, 끝에는 '뭐지?' 싶다. 그들은 한마디로 언행불일치자(言行不一致者)들이다. 말과 행동이 다른 이들은 상대방을 헷갈리게 만든다. 진짜 모습을 알기 어렵다. 하나의 예를 살펴보자. 여기 급속도로 친해진 친구 A와 B가 있다. 처음부터 A는 B에게 확 끌렸다. 유머러스하고도 센스 있는 언변이 참 매력적이었다. 그러나 갈수록 오리무중이다. 꺼내는 말과 하는 행동이 따로 논다. 얼마 전 이런 일도 있었다.

A : 요즘 잘 지내?

B : 응, 그럭저럭. 너 시연이 알지?

A : 네 단짝 시연이, 알지 알지.

B : 너한테만 하는 얘긴데, 걔 허세가 심해졌어. 주식 잘 된 이후
로 차 바꾸고, 옷이랑 가방 사고. 그걸 너무 자랑하는 거야.
꼴값 아니니? 이번에 이직도 했다는데 회사가 좀 이상해. 야
근도 없고, 월급도 많대. 그게 말이 돼? 사기 아닐까? 난 그
런 회사 억만금을 준대도 안 가.

A : 그래?

B : 걔 걱정돼. 꼴사나워서 당분간 시연이 안 볼래.

어느 순간부터 본인도 모르는 사이에 험담에 가담하게 된 A. 본
인이 알기론 B와 시연이는 20년 이상 된 단짝 친구다. A와 B보다도
100000배는 더 막역한 사이. 그런 사이임에도 B가 볼멘소리를 한
다는 건 시연이가 과하게 행동한 것도 있겠다 싶다. 다만 이해되지
않는 건 누가 봐도 좋은 회사로 이직한 시연이를 사서 걱정한다는
거다. 진짜 염려하는 걸까? 진심을 가장한 질투일까? 다음 날 B의
인스타그램에 피드가 올라와 확인하는 A.

#내베프시연이와함께한파인다이닝 #이직축하해 #영원히함께

바로 어젯밤까지 시연이에 대한 불만을 토로하던 B다. 십지어
A 앞에서 당분간 안 만나겠다고까지 했다. 그런데 버젓이 피드에
다가 시연이 이직에 대한 격한 축하로 도배를 해놨다. '뭐지?' 싶
다. 그녀와 함께 나누었던 일상을 돌이켜보니 미심쩍은 구석들이
떠오르기 시작한다. 만나기로 해놓고는 급작스럽게 약속을 취소한
때, 나만 믿으라며 큰 소리를 쳤지만 하나도 도움이 되지 않았던 상
황, 인맥을 과시하며 떵떵거렸던 모습, 극찬했다가 악담을 퍼붓기
도 했던 그 누군가에 대한 평가. 허풍도 심하고, 거짓말도 꽤 했던
듯하다. 부잡스럽다.

A는 갑자기 두려워진다. B와 한동안 많은 걸 나눴기 때문이다.
A의 복잡한 가정사부터 내밀한 마음까지도. 혹시 누군가에게 내
이야기를 퍼뜨리는 건 아닐까 걱정이 앞선다. 이제부터 A에게 B는
조심해야 할 사람이다. 적당한 거리를 지켜야겠다. 본인의 은밀한
이야기는 꺼내지 않겠단 다짐도 한다.

이렇게 앞과 뒤가 다른 사람을 우린 종종, 아니 자주 볼 수 있다. 때론 스스로가 그런 사람일 수도 있다. 이것을 심리학에서는 '인지 부조화(Cognitive Dissonance)'로 풀어 설명한다. 사람들이 자신의 태도와 행동 따위가 서로 모순되어 양립할 수 없다고 느끼는 불균형 상태를 뜻한다. 사실 인지 부조화는 우리의 삶에서 흔히 발생하는 현상이다. 납득되는 수준인 경우, 도저히 받아들이기 힘든 경우로 나뉠 뿐이다.

이때 '허풍의 정도'가 중요한 척도가 된다. 과도하게 거짓되고, 과장되며, 이중적으로 말하는 허풍쟁이는 자신의 실제 행동이 아닌 자신이 되고자 하는 모습을 쉽게 말한다. 밥 먹듯이 자신이 바라는 바를 마치 실제 자신이 하는 양 떠벌려서 무책임해 보인다. 그러니 갸우뚱할 일들이 생긴다. 이게 지속이 되면 '믿지 못할 사람'으로 치부된다.

반면 말과 행동이 다르더라도 노력하는 사람은 '믿을 수 있는 사람'으로 재평가를 받는다. 이런 사람은 자신의 말과 행동, 태도를 돌아볼 줄 알고, 자신의 신념이나 가치관을 수정할 줄 안다. 더불어 부족한 본인을 인정하기도 한다. 오히려 본인의 인지 부조화를 이해하고 적절하게 대처하는 모습이다. 그렇게 말과 행동을 조금씩 일치시켜 나간다. 인지 부조화가 인지 조화로 향할 수 있도록. 진정성을 지녔기에 진하고, 깔끔하고, 담백하다.

　허풍의 반대말은 진정성이다. 스스로 감당할 수 있는 말만 꺼내고, 그 말을 행동으로 옮기는 이. 때로는 행동에 맞지 않는 말을 수정할 줄 아는 이. 그 과정에서 스스로 반성하고 성장하는 이. 타고난 성정만으로 가능한 게 아니다. 후천적 자기 돌봄으로도 해낼 수 있다. 어쩌면 진정성은 내가 가지고 있는 것이라기보다는 내가 선택하는 게 아닐까? 언행일치자(言行一致者)로 가는 길목에서 주고받는 선하고 투명한 영향력이 모두를 이롭게 할 것이다.

'솔직함'
솔직함과 무례함은 한 끗 차이

연말 송년회 장소를 물색하는 한 동창 모임. 단체카톡방에서 활발하게 의견을 주고받는다. 몇몇 주도하는 동창들이 특급 호텔에서 1박 2일 호캉스를 제안한다. 대부분이 괜찮다고 하는 분위기인데 동창 중 A가 조심스럽게 질문을 한다.

"비용이 만만치 않을 것 같은데, 혹시 비용이 얼마나 들까? 우리 회비는 어느 정도 남았어?"

그러자 주도하는 무리 중 한 명인 B가 응수한다.

"돈 많이 들까봐 걱정이야? 이번에 연말 보너스 없었어?"

난감해진 A는 어찌 대답해야 할지 모르겠다. 사실 회사 사정이 좋지 않아 연말 보너스가 없긴 했다. 아내와 아이들에게도 아직 털어놓지 못한 비밀이 단체카톡방에 버젓이 공개되다니. 아무리 막역한 사이의 B라지만 이럴 땐 따로 묻거나 모른 척해주면 좋았을 법하다. 창피해 숨고 싶다.

출장길에 오른 김 팀장과 박 사원. 어색한 분위기를 깨고자 김 팀장이 먼저 말을 꺼낸다. 지난 주말에 월드컵 경기가 있었고, 우리나라가 극적인 역전승을 거머쥔 상황. 그 얘길 꺼내볼 참이다.

김 팀장 : 주말에 축구 봤어요? 이러다 4강 가겠어. 한국 선수들
        참 잘하죠? 난 어제 하이라이트 영상만 열 번 반복해
        봤어요.

박 사원 : 저 축구 안 좋아해요. 팀장님.

김 팀장은 휴대전화를 만지작거리며 건성으로 대답하는 박 사

원에 괜히 한마디 더 시도하려다가 만다.

사귄 지 1년째 되는 커플. 남자는 특별한 날이니만큼 색다른 곳에서 저녁 식사를 계획한다. 미슐랭 5스타를 받은 음식점 예약을 가까스로 성공시킨다. 당일, 고대하던 만찬을 즐기기 시작한다. 여자친구의 반응이 몹시 궁금하다.

"오늘 여기서 먹을 수 있어서 다행이다. 저녁 코스도 꽤 괜찮은 것 같아."

"생각보다 별로야. 내가 만드는 게 낫겠다. 이따가 딴 곳으로 가자."

"일하는 분들 듣겠다."

"뭐 그것까지 신경 써. 사실이잖아."

본인이 궁금한 걸 쉽게 묻는 B, 자기의 취향을 분명하게 말하는 박 사원, 자신의 맛 평가를 가감 없이 해대는 여자친구. 이들은 솔직한 걸까? 무례한 걸까? 대부분 후자 쪽에 한 표를 던질 것이다. 이렇게 요즘 남의 눈치를 보지 않고 할 말을 다 하는 사람들이 꽤 많다. 이들 스스로 쿨하고 멋지다고 착각하고 있는 듯하다. 그들이 간과하고 있는 게 하나 있다. 바로 상대에 대한 배려다.

채널A〈오은영의 금쪽 상담소〉프로그램에 SNS에 모든 일거수일투족을 필터 없이 올리는 사람이 등장한 적이 있었다. 그녀는 스스로 개의치 않고 할 말을 다 쏟아내는 스타일이었는데, 그런 자신의 솔직함을 주변인들이 이해해주길 바란다고 했다. 여기에 오은영 박사는 이렇게 말했다.

"솔직함에는 무례함이라는 가시가 있어 조심할 필요가 있어요. 지나친 솔직함은 오히려 독입니다. 본인의 부정적 표현을 적당히 순화할 필요가 있죠. 타인에 대한 배려가 가식이라고 생각하는 이분법적인 사고를 벗어나면 좋습니다."

배려 차원에서 돌려서 말하는 것은 가식적인 게 아니라 예의 있는 거다. 답답한 게 아니라 당연한 거다. 그럼 배려 담긴 솔직함은 우회적으로만 표현하면 가능한 걸까? 아니다. 그리 단순하지 않다. 솔직함에 대한 개념부터 다시 정리해봐야 한다. 말투나 화술은 다음의 문제다. 생각을 고쳐먹으면 저절로 나아질 수도 있는 부분이다. 이때 2가지 마음을 탑재하면 금상첨화다. 첫 번째 마음은 '할 말을 다 하는' 편협한 이기심이 아닌 '할 말도 상대방의 입장을 살피고 하는' 관대한 이타심, 두 번째 마음은 '내 감정과 욕구가 소중한 것처럼 상대방 또한 마찬가지'임을 인정하는 너그러움이다.

솔직함으로 포장한 무례함은 상대방을 지치게 만든다. "우리 사이에 이것밖에 못 해줘?"라며 상대방의 반응을 통제하려 드는 이, "너에게 약이 되는 말이니 새겨들어"라며 상대방의 치부를 끄집어내는 이. 솔직함의 탈을 쓴 무례한 사람이다. 못된 심보 그득한 놀부와도 같은 모습이다. 그렇다면 "입을 꾹 닫고 하고 싶은 말을 참아야 할까요?"라고 묻는 이들도 있을 수 있다. 아니다. 정직해야 할 때는 최대한 예의를 갖춰 제대로 말하는 게 맞다. 사실 솔직함과 무례함 사이의 경계는 미묘하다. 상대의 성격이나 성품, 상황이나 환경에 따라 각기 다르기에. 그러니 나부터 조절하면 어떨까? 과녁에만 집중한 단순한 궁수의 모습이 아닌 변수까지 고민하는 훌륭한 궁수의 모습처럼.

4장

관계가 돈독해지는 말습관

관계의 코어를
단단하게 지켜내는 사람이 되자

안정성은 성숙한 사람이 가지고 있는 공통된 습성이다. 안정적인 사람은 다양한 관계, 다채로운 상황 속에서 코어를 잘 지켜 단단하다. 빌런(Villain, 악당)들에게는 만만치 않은 존재이고, 미성숙한 이들에게는 닮고 싶은 존재이다. 책 《나는 관계가 어려운 사람입니다》의 저자 김현정 교수는 인기 많은 사람과 거부감 드는 사람의 결정적인 차이가 안정성이 있느냐 없느냐에 있다고 말한다. 누구나 나를 불안하게 만들지 않고, 외면하지 않는 사람과 함께하길 바란다는 것이다. 사실 안정성이란 건 대개 성장기에 생성되는 기질이다. 하지만 후천적인 노력으로도 얼마든지 체득할 수 있다. 겉으로 보기에 안정적인 사람들도 매 순간순간 애쓰고 있을지도 모른다. 특히 상대방에 대한 콩깍지가 벗겨지는 순간부터 진가를 발휘한다.

뜨거운 물은 반드시 식는다. 산을 오르면 내려와야 한다. 사람 대 사람도 그렇다. 인간관계는 '영차영차'를 외치며 노력하는 시기부터 시작한다. 호감이 정점을 찍고 난 후 '스멀스멀' 달라지는 행태를 보이기 마련이다. 처음에는 상대방의 장점만 보였다면, 갈수록 단점이 보이게 된다. 때로는 장점이 단점으로 변모하기도 한다. 흔히 "콩깍지가 벗겨졌다"고 말하는데, 남녀와의 관계만이 아니라 모든 인간관계에 적용된다. 유머러스한 사람이 가벼운 사람으로, 신중한 사람이 답답한 사람으로, 융통성 있던 사람이 줏대가 없는 사람으로 둔갑하기도 한다.

책《러브 팩추얼리》의 저자 로라 무차는 "비현실적인 기대들은 관계를 너무 단순화시킨다. 또 인간을 비교하게 만든다. 인간은 원래 불완전하고 결함이 많은데, 비현실적인 기대를 통해 상상이 가능한 가장 완벽하고 결함 없는 인간이 탄생하기 때문이다"라고 말한다.

냉정하게 따져보면, 상대방이 변한 게 아니라 내 관점이 변한 것이다. 늘 같은 모습이었던 상대방에게 멋대로 콩깍지를 씌웠다가 벗긴 건 나다. 이렇게 인간관계에서 콩깍지가 벗겨지는 때가 찾아오면, 안정적인 사람이 돋보이기 시작한다.

안정적인 사람은 상대방이 싫어졌다고 해서 바로 획 돌아서지 않는다. 또 다른 누군가에게 뒷담화를 일삼지도 않는다. 현실을 그대로 보지 않고 이상에 비추어보는 이상화의 시기가 끝난 후에는 능동화의 시기를 감내한다. 자신에게 몰입하고 움직인다. 자기중심적이었다고 판단되면 그 관계를 새롭게 정립하는데, 애정이라는 달콤한 양념도 넣는다. 내가 얼마나 관심을 줄 수 있는지, 내면의 문제는 없었는지 스스로가 고민해 나간다. 그렇게 성숙한 사람으로 익어간다.

반대로, 불안한 사람은 관계 자체가 흔들린다. 금방 좋았다가 싫어지고, 금세 친해졌다가 다투기도 한다. 온탕과 냉탕을 왔다 갔다 하는 통에 종잡을 수 없다. 말과 행동을 변덕스럽게 바꾸니 신뢰하기가 어렵다. 결국은 안정적인 사람의 말을 믿고, 따르고, 관계를 이어가게 된다. 태도와 견해가 일관적이기에 신뢰감이 있어서이다. 차분하고, 평온하고, 담담한 사람이 주변에 있는가? 휘둘리지 않고, 일희일비하지 않고, 달라지지 않을 사람 말이다. 무조건 잡아라. 든든한 백이다. 스며드는 안정감 덕택에 시드는 관계가 아닌 무르익는 관계를 만들어줄 램프의 요정 지니처럼. 그리고 내가 그런 태도를 지닌 사람이 되어보자.

상대를 존중하며
피드백하고 있는가

스스로의 실수가 달가운 사람은 없다. 나의 실수를 들키고 싶은 사람도 없다. 누구라도 신속하게 처리하고 지나가고 싶어 한다. 만약, 치명적인 실수라도 빨리 조정되거나 변경되길 바랄 뿐이다. 되도록 조용히. 그럴 때마다 '네 잘못이야'라고 큰소리를 외치는 눈치 없는 사람들이 있다. 얄궂고 얄밉다. 다음은 내가 강의에서 겪었던 웃지 못할 해프닝이다.

"○○센터에서는 처음 인사드립니다. 본격적인 시작에 앞서…"
"저 할 말이 있는데요."
"네, 말씀하세요!"

"우리 기업은 센터보다는 단체라고 부르는 게 맞아 보이는데요. 그리고 화면 글자가 작아요. 안 보여요. 그리고 밑에 영어 철자도 틀렸어요."

"아, 죄송합니다. 모두 반영할게요."

100명이 넘는 수강자 앞에서 처음부터 끝까지 한 교육생 때문에 정신이 혼미했다. 치명적인 실수가 아니었다. 쉬는 시간에 말해도 되는 부분이었다. 수업 시간 내내 지적하는 탓에 순조롭게 이어가기 어려웠다. 강의가 끝난 뒤에 다른 교육생이 앞으로 나와 나에게 말을 건넸다.

"혹시 무슨 문제 있을까요?"

"지적하려는 거 아니니 겁먹지 마세요. 수업 잘 들었다고 말씀 드리고 싶었어요. 내용이 흥미롭더라고요. 강사님 이야기에 진심이 느껴져서 좋았습니다. 우리 팀이 디자인 설계팀인 것 아시죠? 오류를 잡아내는 일도 하고 있죠. 지적하는 게 일상이라 그래요. 오늘은 강사님 입장에서 당황스러운 부분이 있었을 텐데 너그럽게 이해해주세요. 또 봬요."

후에 알고 보니 그분은 기업의 상무였다. 2시간의 강의가 끝난 후 우울한 상태로 돌아갈 뻔했는데 크나큰 위로가 됐다. 그분의 인정 덕택에 따스한 마음을 안고 다음을 기약할 수 있었다. 다행히도 매년 그 기업에서 강의 의뢰를 받고, 호기롭게 응하고도 있다. 당시 귀가하는 길목에서 나는 지적을 어떻게 하고 있는지도 돌이켜봤더랬다. 교육이 주 업무인 내가, 교육생의 부족한 곳을 잡아줘야 하는 내가, 항상 옳다고 여겨왔던 지적들. 늘 옳지는 않았던 듯하다. 마침내 타이밍을 맞추는 게 중요하단 결론을 내렸다. 상황에 맞게 지적해야 한다.

언젠가 한 제자가 전한 경험담도 떠오른다. 참고로, 학생 대부분이 현직자인 전공 심화 과정에, '직장 실무 능력'에 관한 과목이었다. 졸업 끝자락에 이대로 끝내긴 아쉬워 '직장에서 행복했던 경험'을 나누는 티타임을 마련했다.

"2년간의 직장생활을 버티게 한 힘이 있어요. 옆자리 사수가 틈마다 전해준 쪽지였어요. 어리바리한 제가 쭈뼛대는 게 보였나봐요. 궁금한 게 있어도 여쭤봐도 되나 늘 고민했거든요. 제가 중요한 서류를 잘못 정리했던 날이 있었어요. 된통 혼날 줄 알았는데요. 아무 말 없으셨어요. 그리고 다음 날 제 책상 앞에 쪽지와 커피가 있더라고요. 사수가 놓은 거였어요. 지금까지의 저에게 보였던 아쉬웠던 부분부터, 고쳐야 하는 지점까지 일목요연하게 써놓으셔서 이제 혼나는 거구나 싶었는데, 마지막 한 줄에서 눈물을 쏟게 됐어요. '충분히 잘하고 있어요. 언제든 어려운 게 있으면 물어봐도 됩니다. 카페인 충전해요.' 이후 직장생활이 한결 수월해졌어요."

즉시 공개적인 망신을 주지 않고, 다음 날 조심스럽게 쪽지와 캔커피를 건넨 옆자리 사수. 넉넉한 마음을 쓸 줄 아는, 좋은 동료다. 한 사람에 대한 지속적인 관찰과 한 사람의 실수에 대한 지혜로운 인내가 동반되어야만 가능할 태도다. 어쩌면 치밀한 동료일지도 모른다. 화내지 않고 차분하게 타이르는 모양새랄까. 말을 잘 듣게 말이다.

누구든 나에 대한 지적은 소화하기 어렵다. 겉으론 "네"를 외치지만 안으론 한 귀로 듣고 한 귀로 흘려버리기 일쑤다. 진짜 제대로 된 지적이라도 마음속 표정이 일그러질 수밖에 없는 노릇이다. 역으로 지적을 하는 자도 괴로운 건 마찬가지다. 단, 지적을 주고받는 업무의 현장은 계속되어야만 한다. 그래야 공동의 목표를 달성할 수 있지 않겠는가. 그때에는 '상황에 맞는 지적'을 눈치껏 해보면 어떨까? 상대방에 대한 존중을 담아서.

내 지적을 제대로 소화하는 자, 'Keep on Rolling'을 할 자다. 한마디로 쭉 나아갈 자다. 지적을 속 편히 소화한 덕분에 갈수록 성장할 게 자명하다. 자녀를 키우는 부모, 학생을 지도하는 교수, 후배를 도와야 하는 선배, 이외에도 지적하는 모두에게 고한다. 아무리 좋은 지적이라도 상황에 맞지 않으면 버려질 수 있단 걸 알아두자. 그리고 가끔은 2가지를 스스로 묻자. '나의 지적이 상대방을 존중하고 있는가?' 그래서 '나의 지적을 상대방이 소화할 수 있겠는가?'

단어 하나 바꿨을 뿐인데
결과가 달라진다

말할 때 쓰는 어감과 어투는 참 중요하다. 일상의 근간을 꿋꿋하게 세워줄 수도, 세차게 흔들 수도 있다. 대부분은 자신이 전자이길 소망한다. 그렇다면 좋은 어감, 좋은 어투란 뭘까? 거창하지 않다. 알맞은 단어를 적절하게 쓰면 그만이다. 책《언어의 온도》를 쓴 이기주 저자는 "말과 글에는 나름의 따뜻함과 차가움이 있다"고 한다. 맞는 말이다. 그러니 지금 내가 처해 있는 상황에 맞는 온도를 점검할 필요가 있다. 그 분위기에 맞는 말투를 장착하고, 단어를 선택해 쓸 수 있다면 더할 나위 없다. 사랑할 때는 밀도를 맞추고, 비즈니스를 할 때는 설득력을 갖추고, 항상 내 말과 태도에 자부심과 겸손함을 지니고, 배려 이상의 감동이 담길 수 있도록.

제각각 유연하게 기능할 수 있는 단어들이 달리 존재한다는 걸 명심해야 한다.

오래전 일이다. 연말 특집 프로그램을 위해 시장 상인을 상대로 취재를 했던 적이 있다. 마주하는 시민들의 반응은 참 다양했다. 대부분이 잘 응대해주셔서 감사한 기억으로 남아 있긴 하다. 솔직히 들추자면, 몇몇 시민들의 반응은 뾰족한 가시가 돋친 장미처럼 느껴졌다. "어머, 열심히 하시네요. 이렇게 추운데 불쌍하네", "고생 많네요. 그런데 요즘 이런 걸 누가 들어"라는 반응들이 있었다. 물론 추운 날 덜덜 떨면서 인터뷰를 요청하는 내가 안쓰럽게 보여 한 위로의 말인 건 안다. 다만 당시의 나를 불쌍한 사람으로 깎아내리는 말이나 내가 하는 일을 하찮게 바라보는 말은 내 마음에 유리 파편처럼 콕콕 박혔다. 그땐 일이 자리를 잡았을 때도 아니라서 못난 자격지심이 불쑥 튀어나왔던 듯하다.

누군가는 더 복잡하게 느껴질 수 있다. 아무리 상황을 고려해도, 분위기를 살펴도, 사람에 따라 다 다르기 때문이다. 일일이 그 사람을 파악해 적절한 단어를 찾아보는 건 불가능하다. 자, 그렇다면 핫 버튼(Hot Button)만이라도 조심해보면 어떨까?

핫 버튼이란 '사람들이 매우 강하게 느끼는 주제나 문제'를 말한다. 주로 서비스 응대를 할 때 많이 거론되는데, 고객의 감정이 강렬해질 것들을 간파해 건드려서는 안 된다고 강조한다. 그들의 감정 방아쇠를 확 당긴다면 울컥할 수도 있으니 그것만 피하자는 거다. 가령, 취업 준비생에게 예민할 단어, 임신을 준비하는 부부에게 피해야 할 단어, 부동산 문제에 고민하는 가장에게 쓰면 안 될 단어, 명예퇴직을 앞둔 직장인에게 뼈아플 단어, 몸이 아파 요양하고 있는 환자에게 조심해야 할 단어를 생각하고 쓰자는 것이다. 단어를 잘 쓰는 것도 중요하지만 단어를 잘못 쓰는 것만 피해도 된다.

어떻든 인간이 가진 문제, 욕구, 불만, 갈등, 욕망과 같은 복잡 미묘한 감정이 섞여 있는 고통에 대한 말은 부드러운 말로 희석된다. 덜 아프고, 더 편안하게 이른다. 모두에게 고한다. 부정적 표현보다는 긍정적인 표현, 각진 말보다는 둥근 말, ㄱ을 닮은 단어보다는 ㅇ을 닮은 단어부터 써보는 건 어떨까?

'자기효능감'을
높여주는 말들로 칭찬하라

춤추고 난 후 고래도 살펴보자.

우연히 보게 됐는데 무척 공감이 가는 글귀다. 내 칭찬법도 반추하게 된 글귀다. 칭찬은 고래도 춤추게 한다. 그렇다면 춤추고 난 후 고래는 어떻게 됐을까? 나아는 졌을까? 미처 거기까지는 도달하지 못한 우리다. 내가 건넨 칭찬이 효과가 없다면 못내 아쉽다. 내가 전한 좋은 말들이 누군가에게 영양가 있게 흡수되고 있는지 돌이켜볼 필요가 있다. 핵심은 '자기효능감(Self-Efficacy)'을 높일 수 있는가?'다.

자기효능감이란 단어가 여느 때보다 자주 들려오는 요즘이다. 이 다섯 글자를 검색하면 수만 가지의 영상과 수백 개의 논문을 찾아볼 수 있을 정도다. 한 심리학자는 자아존중감 다음으로 자기효능감을 알아볼 차례란 의미심장한 메시지를 남겼다. 많은 이가 지대한 관심을 보이는 이유는 무얼까? 그 의미와 효과를 들여다보면 절로 수긍이 간다. 자기효능감은 한마디로 본인이 성공적으로 수행할 수 있다고 믿는 능력이다. 자아존중감이 자기 존재를 존중하는 자세라면, 자기효능감은 자기 능력을 믿는 자세다. 자아존중감이 '난 가치 있는 존재야', '난 소중한 사람이야'라면, 자기효능감은 '난 이번 프로젝트를 성공적으로 마칠 수 있어', '난 문서 작업에 능숙하니 신속하게 처리할 수 있어'다.

어쩌면 상대방의 자아존중감보다 자기효능감을 끌어올리기가 수월해 보인다. 현실적이고, 실질적이고, 당장 가능해 보여서다. 전제조건이 있다. 상대에 대한 관찰과 관심이 필요하다. 그래야 그 사람이 잘 해낼 수 있는 것, 잘 해내고 있는 것을 발견할 수 있지 않겠는가.

자기효능감은 일터에서도 필수적인 심리적 자본으로 꼽힌다.

구성원들의 생산성을 올리고, 직무에 대한 만족감을 높이고, 내적 동기를 부여할 수 있어서다. 업무에 대한 믿음은 직무 행동에 영향을 주기 마련이다. 그렇다면, 구성원들의 자기효능감을 끌어올리는 방법은 어떤 게 있을까? 경험적 원천, 대리 경험, 사회적 설득, 신체적 및 정서적 반응, 크게 4가지로 나누어 설명할 수 있다.

첫 번째 방법, 경험적 원천

개인의 과거 경험을 뜻한다. 특정한 일을 성공적으로 해낸 경험은 본인의 자기효능감을 높일 수 있다.

두 번째 방법, 대리 경험

이른바 모델링 효과다. 다른 사람이 특정 행동을 통해 성공적으로 수행하는 것을 보게 되면 스스로 자기효능감을 강화할 수 있다. 비슷한 분야, 유사한 상황에서 성공적인 결과를 낸 롤모델을 찾아봐도 좋다.

세 번째 방법, 사회적 설득

타인에게서 기분 좋은 칭찬이나 긍정적인 피드백, 따뜻한 격려를 들으면 자기효능감을 끌어올리기 충분하다.

네 번째 방법, 신체적 및 정서적 반응

본인의 몸과 마음이 편안할 때, 반대로 불안할 때도 자기효능감에 영향을 미친다. 신체와 정신의 평온함이 자기효능감을 증진시켜 준다.

1, 2, 4번은 스스로가 할 일, 3번은 누군가가 해줄 일이다. 우리는 3번에 주목하자. 미리 염두에 둘 게 있다. 무분별한 칭찬은 해가 될 수도 있다. 심리학에 '도덕 저축'이란 게 있다. 이를테면 '나는 늘 잘하는 사람이니까, 이 정도의 잘못은 해도 된다'란 생각이다. 과거에 충분히 잘했기 때문에 미래에 덜해도 된다는 일종의 자만이다. 그러니 자기효능감을 끌어올릴 수 있는, 밀도 있는 칭찬이 필요하다. 상대방이 미친 선한 영향력과 긍정적인 변화에 대한 칭찬 정도가 어떨까? 물론 피상적인 칭찬도 쉽지 않을 줄 안다. 더 나아가 파고드는 칭찬이 득이 된다는 걸 알아두자. 이런 식으로다.

기획서 쓰느라 수고했어요. 잘 정리됐네요.
  ▸ 기획서 쓰느라 수고했어요. 많이 노력한 게 느껴지네요. 특히 차트가 잘 정리돼 PT에 쓴다고 해도 손색없어 보여요.

프로젝트 잘 완성됐군요.

▸ 프로젝트 잘 완성됐군요. 특히 마무리의·기대 효과가 인상적
   이네요.

회의 잘 준비했네요.

▸ 회의 잘 준비했네요. 특히 2주 내내 유인물, 다과, 기자재까
   지 마련하느라 애썼어요.

전자는 누구나 할 수 있는 칭찬, 후자는 상대에 관찰과 관심이
있는 자가 할 수 있는 칭찬이다. 어려울 건 없다. '특히'를 붙여 수
고한 것, 노력한 것, 애쓴 것, 나아진 것을 한마디 더 덧붙이면 된
다. 칭찬을 받는 자는 내가 노력한 부분에 대한 인정 보상에 어깨
를 펴게 되고, 내가 나아진 부분에 대한 지속적 성장을 꾀하기 시
작한다. 그렇게 선한 영향력이 오간다. 시작은 자기효능감을 높일
칭찬으로부터다.

무례함에 대처하는
3가지 처방전

무례한 사람은 피하는 게 상책이다. 다만 피치 못할 상황에는 스스로 지키기 위한 대응책이 필요하다. 호의가 계속되면 권리인 줄 아는 사람들에겐 더욱. 참는 것만이 능사가 아니다. 그렇다면 어떤 방법이 좋을까? 단박에 차단할 수 있는 강렬한 게 없을까? 단순하게 가보자. 조상들의 지혜부터 되짚어보는 거다. 바로 반면교사(反面敎師)와 역지사지(易地思之)의 힘을 다시금 상기시켜보면 어떨까? 일종의 거울 치료를 시켜주잔 뜻이다. 바로 3가지 방법을 제안한다. 무례한 사람을 대하는 3가지 처방전이다.

1. 상처 되는 말이라고 말하기

"눈썹 문신 왜 했어? 짱구 같은데?"

"옷 그거 뭐냐? 안 어울려."

"그 모자 벗어. 거적때기같아."

"살 더 쪘네. 긴장 좀 하자."

"너는 가끔 이상한 소리를 하더라. 그게 아니야."

일상에서 유독 상대를 깎아내리는 발언을 스스럼없이 하는 사람들이 있다. 이런 말들을 들으면 어떠한가? "너나 신경 써"라고 응수해주고 싶은 맘이 샘솟는다. 그러나 보통의 우리는 그저 웃고 넘긴다. 친한 존재이기도 하고, 신경 쓰이는 존재이기도 하니까. 단, 상대가 관성적으로 계속한다면, 내가 그게 거슬린다면 그때는 바로 응수하자.

"그 말 상처가 돼."

상대는 우리 사이에 가벼운 농담이었다며, 친한 관계에 그런 말도 하지 못하냐며, 비아냥거릴지도 모른다. 그럴 땐 한 번 더 짚자.

"그래서 더 상처가 돼."

싸늘한 기류가 참기 어렵더라도, 마음을 붙들어야 할 만큼 콩닥거리더라도 해볼 만하다. 날 공격하는 거북한 말은 계속 버티는 게 최선이 아니다.

2. 상황을 객관적으로 따지기

상대에게 들은 말들을 쭉 펼쳐서 조목조목 따져보는 건 어떨까? 문제가 되는 말이란 걸 각인시켜주는 거다. 단호한 표정과 말투도 준비해두자.

"그 안경 뭐야? 저번에 연예인이 껴서 화제가 됐던 그건가? 근데 연예인이라 어울리는 거지. 보는 사람도 배려해야지."
"무슨 의미야? 안 어울린다는 거야? 확실하게 말해야 알지."

천진난만하게 되묻는 것도 방법일 수 있다. 직설적으로 받아쳐 보자. 어쩌면 상대는 자신의 농담을 점검할 수도 있다. 그동안 전혀 제지받지 못한 언행에 브레이크가 걸린 상대방은 다음부터 조심할지도 모른다. 누구든 본인의 잘못을 인지하기 어려울 때가 있다. 악의는 없는데, 실수를 연발할 때도 있다. 그러니 말해주자. 말하지 않으면 모른다. 단, '눈에는 눈, 이에는 이'란 말처럼 똑같이 보복하는 유치한 모양새가 아닌, 상대에게 타이르듯 말해 스스로 깨닫게 하는 어른스러운 모양새길.

3. 단답형으로 무관심하게 넘기기

상대가 나를 힐난하기 위해 하는 말은 내가 똑똑하게 응수해도 대화가 되지 않는다. 반대편에서는 '요것 봐라. 더 당해봐'란 복수심으로 거센 괴롭힘 폭격기를 가동할 게 뻔하다. 그럴 땐 다시 반격할 필요가 있을까? 그 수고스러움조차도 아깝다. 차라리 무성의하게 반응하고 넘기는 게 낫다. 상대의 목적은 내 감정을 상하게 만들려는 것이었기 때문에 내가 무반응이면 흥미를 잃게 된다. 이번엔 내가 일하면서 지인과 겪었던 실례다.

"진이 씨, 일하기 얼마나 힘들어요? 나라면 못 해. 주말에 일하고, 새벽에 일어나야 하니까. 독하다 독해. 욕심껏 하니 얼마나 좋아요? 얼마 벌어?"

"늘 다르니까요. 괜찮아요."

"요즘 실력 없이 자리 꿰차는 사람도 너무 많지 않아? 그 사람은 어때요? 소문 별로던데."

"저는 괜찮던데요."

"난 일부러 조금만 하잖아. 진짜 프로들은 일 골라서 받아요."

"아, 네."

전에 행사장에서 만나게 된 동종 업계 지인. 가끔 만나 인사하는 사이라 반가웠는데, 어찌나 불평불만이 가득한지 그녀의 얘길 듣다가 혼이 나갔다. 열심히 일하는 나를 비꼬고 나와 친한 지인까지 깎아내리면서 본인을 치켜세우는 그녀. 계속 듣다 보니 안 되겠다 싶어 입을 꾹 닫아버렸다. 그러니 시들해져서는 그만 멈췄다.

마지막으로 꼭 유념할 게 있다. 나와 맞지 않는 이상하고 무례한 사람들에게 자기만의 시공간을 내어주지 말자. 이해할 필요도, 고민할 필요도, 감정이 상할 필요도 없다는 것이다. 내가 부족하거나 잘못된 상황이라면 스스로 돌아보고 반성해야 맞다. 그러나 치기 어린 질투나 못난 심보 가득한 조롱들은 바로 걷어차는 게 낫다. 가치가 없다. 좋은 내 사람과 최선을 다하기에도 인생은 짧다.

감정의 쓰레기통이 아닌
대나무 숲이 되어주는 방법

"징징 짜는 친구를 어찌 다스려야 할까요?"

몇 년 전, 시민 특강에서 만난 한 교육생이 내게 한 질문이다. 환갑이 넘은 나이에도 수십 년을 징징대는 친구 때문에 힘들어하고 있었다. 인연을 끊기에는 가족과도 같은 관계인지라 딸뻘 되는 나에게라도 답답한 심정을 털어놓는 듯했다. 당시 나는 제대로 된 정답까지는 아니더라도 도움이 될 만한 방법을 전하고 싶었다. 이후 심리학에 대한 논문도 찾고, 감정관리 관련 책도 읽고, 관련 분야의 지인들에게 자문을 구한 내용을 정리해 그녀에게 이메일을 보냈고, 몇 달 뒤 반가운 답장을 받았다.

"도움이 됐어요. 우리 사이에 필요했던 건 경청과 조언이 아니라 '그만'이라는 말이었네요. 그리고 취미활동도 함께 시작했어요. 한동안 무진장 싸웠어요. 이제 더 잘 지낼 수 있게 됐어요. 덕분입니다."

내가 그녀에게 전했던 '감정의 쓰레기통이 아닌 감정의 대나무 숲이 되어주는 방법'은 어렵지 않다. 먼저, '감정의 쓰레기통'은 한쪽이 어려워지는 부정적 의미, '감정의 대나무 숲'은 양쪽에 도움이 되는 긍정적 의미다. 전자라면 문제가 있고, 후자라면 괜찮다. 그래서 구분을 지을 필요가 있다. 비슷한 듯하지만 엄연하게 다르다.

첫째, 한 방향인지 양방향인지 확인하자. 한쪽만 쉼 없이 고민을 털어놓고 있다면, 다른 한쪽이 지쳤을 확률이 농후하다. 각자의 고민을 주고받아야 서로에게 힘이 되는 존재가 된다.

둘째, 털어놓는 쪽이 이야기를 들어줄 아무나 필요한 것인지, 진짜 내 사람이라서 말하는 것인지 살펴보자. 단순히 들어줄 대상이 필요했던 사람의 이야기는 갈수록 힘에 부친다. 털어놓는 쪽의 징징거림 때문에 들어주는 쪽은 결국 '듣다가 피곤해진 나'만 남게 된다. 더 가다가는 견고하게 쌓아놓은 우정도 크게 흔들릴 수 있다.

셋째, 힘들 때만 연락해서 부정적인 감정만 교류하는 관계인지도 돌이켜보자. 그렇다면 서로가 '감정 배설의 상대'가 되어가고 있을 가능성이 있다. 서로가 느끼는 감정 자체가 전반적으로 부정적이란 거다. 밀접한 관계든 느슨한 관계든 지쳐가는 인간관계에서 영원은 없다. '쓰레기통의 악순환'을 '대나무 숲의 선순환'으로 바꿔놔야 한다.

먼저 '그만'이라고 외치자. 매일매일 지겹게도 같은 고민을 털어놓는 쪽이 있다면, 반대편에는 또 지겹게도 받아주는 쪽이 있다. 그러니 칼로 무를 자르듯 단호하게 말해보자.

"그 고민 1년 전에도, 한 달 전에도, 한 주 전에도, 어제도 했어. 내일도 할 거지? 이젠 그만하면 어때?"

덧붙여서 계속 들어주느라 지금껏 힘들었다는 고백도 하자. 한계에 다다랐으니 멈춰보자고 하자. 물론 털어놓는 쪽은 본인의 애착 쓰레기통이 없어진다는 마음에 불안해질 게 분명하다. 횡설

수설 둘러대거나 버럭 화를 내며 토라질 수도 있다. 괜찮다. 이건 시간이 약이다. 서로가 소중한 사이라면 더더욱. 조금 지나면 상대가 역지사지의 마음으로 사과를 할 것이다.

다음은 행복에 집중하자. 불행한 이야기 대신 즐거운 이야기를 채우자. 부정적인 이야기를 하거나 들으면 나도 모르게 부정적인 감정에 지배당한다. 그것이 일상이 된 관계라면 서로가 갈수록 힘들어질 게 뻔하다. 생각을 바꿔보자. 나쁜 쪽에서 좋은 쪽으로. 행복을 연구하는 수많은 심리학자가 하나같이 말한다. 행복은 크기보다 빈도라고. 좋은 일들을 찾아내고, 만들고, 느껴보자. 작고도 소소하고도 소중한 행복을 맛보자. 서로 함께라면 두 배 더 달콤하다.

마지막으로, 취미를 만들자. 마음을 달래고 성취감도 느끼자. 김경일 인지심리학자는 부정적인 감정은 성취감과 성장감을 통해 빠르게 해소할 수 있다고 말한다. 어쩌면 감정의 쓰레기통이 필요한 이에게 생각을 돌릴 만한 취미나 활동을 제안하는 것은 근본적인 조치가 될 수 있다. 나아지고, 달라지고, 느는 부분이 있을 때 찾아오는 성취감을 맛보며 사람 자체가 변화할 것이다. 시간이 걸

리더라도 제대로 된 해결책이다. 앞으로 100년, 많게는 130년까지 산다는 이때. 평생을 감정 배설을 주고받는 관계보다는 성장감을 느끼는 관계가 낫지 않겠는가.

말하는 것이 직업인 나는 갈수록 실감한다. 말을 하는 것도, 말을 들어주는 것도 노동이다. 말만 들어주는 건 더한 노동이다. 이제는 들어주는 쪽의 감정 노동도 생각해볼 때다. 육체적 힘듦 이상으로 강도 높은 노동일 수 있다. 맞는 말이다. 심리학에서는 정신 에너지와 신체 에너지가 결국 같은 전원 공급 장치를 사용한다고 말하니까.

긍정을 담은 말들은 할수록 더 나은 사람으로 만들어준다. 건네는 쪽과 받는 쪽 모두. 이 긍정적인 사람들 곁에서 감정 배설을 일삼는 이들은 튕겨 나가거나, 변화하거나 둘 중 하나다. 탱탱하게 빛나는 긍정 기운이 말끔하게 교통 정리한 사이, 괜찮은 사람들이 만든 괜찮은 세상이 자리 잡는다. 그 안에 쓰레기를 버릴 자리는 어디에도 없다.

고민을 들어주는 요령
'레토릭 대화 기술'

"네 생각은 어때?"

친구가 나에게 SOS를 요청해올 때가 있다. 겉으로 보기엔 제삼자의 객관적인 의견을 듣고 싶어서인데 속마음은 동조자가 필요해서다. 그럴 때 나는 이야기를 듣다가 살포시 위의 질문을 건넨다. 그럼 대부분 이런 방식의 답이 돌아온다.

"잘 모르겠어. 근데 내 생각은…"

잘은 모르겠다지만 본인의 속마음을 하나둘 털어놓기 시작한

다. 그러다 깊은 속마음까지 입 밖으로 나오면 나는 이렇게 말해
준다.

"그게 네 생각 아닐까? 확신을 가져봐."

내 생각은 지금의 네 생각을 응원하는 것이란 한마디. 그게 최
선일 때가 있다. 특히 듣고 싶은 말이 있는 상대방에게는 내 의견
을 꺼내는 게 능사가 아닐 수 있다. 군이 해야겠다면 '이렇게 해야
한다'는 단정적인 말이 아닌 '이렇게 생각해볼 수 있지 않을까? 나
라면 이렇게 하겠어'라는 조심스러운 말이 낫다.

정답이 있는 질문은 오히려 쉽다. 그러나 인생의 새로운 길을
걸어가야 할 때, 두 갈래 길에서 허덕이고 있을 때, 위기를 모면하
기 위한 대응책을 모색할 때의 의견 개진은 만만하지 않다. 해답
이랍시고 어쭙잖은 조언을 하다가 보면 상대방을 헷갈리게 할지
도, 잘못된 길로 인도할지도 모를 일이다. 위험하다.

말속에는 힘이 있다. 말 안에는 마음이 있다. 그러니 분위기가
무르익을 때쯤 조언을 구한 상대방에게 '네 생각은 어때?'라고 물

어보자. 모르겠다고 하면 틈을 내어 기다리자. 미처 발견하지 못했던 스스로 생각에 다다를 수 있도록. 이렇게 질문을 통해 상대방이 직접 답을 생각하게 하는 것을 '레토릭(Rhetoric) 대화 기술'이라고 한다. 말과 글을 도구로 사람을 설득하는 기술로, 수사학(修辭學)이라고도 부른다.

인류 최초의 레토릭은 법정 변론에서 시작되었다고 알려진다. 그때부터 지금까지도 레토릭은 양날의 검이다. 제대로 된 설득을 위한 이로운 레토릭이 있고, 반대로 진실을 왜곡하는 해로운 레토릭도 존재한다. 전자는 진심을 기반으로 해 건강한 소통이 가능하다. 역으로 후자는 의심과 시기가 가득해 가스라이팅으로 변질이 된다. 지금 여기서 논하는 레토릭은 전자다. 우리는 학문적으로 접근하기보다 호감을 얻으면서 상대방을 설득하기 좋은 말습관으로 다가가보자.

○○입니다. ▶ ○○라고 생각해볼 수 있지 않을까요?

내 의견을 강요하지 않으면서 상대방이 직접 의견을 내도록 만들 수 있다. 능숙한 대화자에게 보이는 면모다. 번뇌하는 상대방이 마음의 등불을 켤 수 있고, 흔들리는 상대방이 똑바로 설 수 있게 한다. 이런 식으로다.

국제 전시회에서 유통팀 합류는 필요 없어요.
▶ 국제 전시회에서 유통팀 합류 없이도 가능하지 않을까요?

제품 기획안 빨리 좀 처리해야 합니다.
▶ 빨리 처리해야 다음 과정이 준비되지 않을까요?

지각이 잦군요. 실망입니다.
▶ 늦게 오면 다른 동료들 업무에 지장이 있지 않을까요?

덜 고깝고, 덜 서운하고, 덜 상처받는 방법이자 더 고맙고, 더 반성하고, 더 고심하게 만드는 비법이다. 어떤 상황이든 적용할 수 있는 대화방식이다. 실례로 오하이오 주립 대학교의 로버트 교수의 실험을 살펴보자. 하루는 그가 학생들에게 '학생에게는 엄격한 시험을 치르게 해야 한다'라는 문장을 읽게 했는데, 이에 동의하는 학생은 별로 없었다. 다음에는 같은 대학생들에게 '시험을 치르면 학생 자신에게 도움이 되지 않을까요?'라는 레토릭을 넣은 문장을 읽게 했다. 그러자 유의미하게 동의하는 학생이 늘었다. 이 작은 문장이 듣는 이의 마음을 움직였다. 직설적인 말은 옳다 해도 받아들이기 싫을 때가 있다. 반면 상대방의 의견이 살짝 가미된 질문은 내가 생각할 여력이 있고, 과정 자체가 깨달음이다.

특히 영감을 차오르게 하고, 의욕을 고취하고, 심정을 읽을 수 있는, 생각이 힘이 필요한 때다. 검색창에만 의존하고, 상황 속의 고민에 친구에게만 기대는 사람이 늘고 있다. 우유부단함을 넘어서 선택 불가 증후군을 겪는 사람이 많다. 확신이 없어서일까, 용기가 부족해서일까, 아니면 단순한 습관일까. 혼합된 듯하다. 안도현 시인의 말이 이런 우리에게 일침을 놓는다.

"제가 학교에서 가르치는 제자들도 그렇고, 요즘 젊은 친구들은 '곤조'가 없는 것 같아요. 순화해서 말하면 깡다구적인 고집이 없어서 무언가를 해보려고 하지도 않고 힘들고 어렵다고 생각해요. 좀 나약한 것 같아요."

그는 시인을 발견하는 사람이라고 비유했다. 시인을 비롯해 모두가 소소한 것이라도 스스로 발견했을 때 뿌듯함을 느낄 수 있었으면 좋겠단 말도 덧붙였다. 레토릭 대화 기술은 그래서 지속이 되어야 한다. 질문을 건네는 자는 호감이 가는 사람으로, 질문을 받는 자는 생각하는 사람으로 변신할 기회다.

유달리 밥을 중시하는 우리나라에서 '밥상머리 교육'에 대한 새로운 정의가 필요하다고 강조한다. 잔소리로 점철된 소화 안 되는 시간이 아닌, 질문으로 가득한 소화할 수 있는 시간으로의 탈바꿈을 해야 한다고들 말한다. 맞다. '생각하는 힘'은 연습을 통해 길러 낼 수 있다. 앞으로 나에게 SOS를 청한 누군가가 있다면, 다음 세 단계로 색다른 시도를 꾀하자. '네 생각은 어때? 내 생각은 이런데, 너도 이렇게 생각해볼 수 있지 않을까?' 이렇게 조심스러운 질문으로 시작해 진심 어린 조언까지 전하자. 어느덧 내 앞의 상대는 생각의 정점에 다다를 것이다. 그 시간 사이에 불현듯 스쳐 지나가는 감정들이 옳은 길을 터줬을 테니까.

용건 없는 안부로
소중한 존재가 될 수 있다

'잘 지내? 건강 챙기고 좋은 하루 시작해.'

기상하자마자 루틴대로 휴대전화를 꺼내든 P. 오랜만에 온 지인의 문자가 낯설다. 6개월 전 이직을 한 뒤로 본 적이 없는 그가 왜 연락을 했는지 궁금하다. '혹시 부탁할 일이 있나?' 의심부터 하게 된다. 사회생활을 하다 보니 절친한 사이 아니고는 용건 없는 안부가 낯설다 못해 어색하다.

'잘 지내지 그럼. 혹시 무슨 일 있어?'

고민하던 P는 점심시간이 되어서야 답장을 보낸다. 막역한 사이까지는 아니어도 합이 잘 맞는 파트너였다. 퇴근하고 나눈 치맥과 수다가 그립기도 하다. 바로 답장이 온다.

'그냥. 보고 싶어서. 잘 지내면 다행이야. 나중에 밥 한번 먹자.'

다른 의도가 있나 의심했던 게 부끄럽다. 마음이 사르르 녹은 P는 곧바로 그와 만나기로 약속을 잡는다. 같은 팀이었던 동료들도 함께. 다들 곧 만나자며 반겨준다. 아침에 연락을 준 그 덕분에 오랜만에 모두가 모이게 되어 고맙다 못해 뭉클한 마음이다. 그에게 따뜻한 안부를 전해 받았던 것처럼 내일쯤 보고픈 지인 몇 명에게 잘 지내는지 전화해볼 참이다.

우리는 소란스러운 일상에서 저마다의 책무를 감당하며 하루를 인내하고 있다. 어른이 되고 바쁜 나날들에 치이고 있기에 갈수록 여력이 없다. 경험의 과정에서 합리적 의심부터 하게 돼 버렸다. 안전한 삶을 위해서다. 철갑 같은 방패를 두르고 있는 겁에 질린 장수의 모양새랄까. 갈수록 몸을 사린다. 지켜내고 있는 것인지, 후퇴하고 있는 것인지 당최 모르겠다. 분명한 건 너무 힘을 주고 있어 튕겨 나가기 일보 직전이란 거다. 긴장을 풀고 심신을 다스릴 수 있는 시공간이 절실하다. 이때 담백하게 건네는 안부가 숨 쉴 구석을 마련해줄 수 있지 않을까?

용건 없는 안부는 전하는 자와 받는 자 모두에게 쥐어지는 황금 열쇠다. 자물통을 열고 나가면 살 만한 세상을 마주할 수 있다. 전하는 자는 쑥스럽더라도 솔직하게 용기를 낸 것에 으쓱하고, 받는 자는 바라는 것 없이 나를 떠올려주었다는 고마운 마음 덕에 즐겁다. 그렇게 고운 하루를 서로 채워줄 수 있다. 마치 커튼 사이로 은은하게 들어와 짙은 여운을 드리우는 햇빛처럼.

우리는 인생길에서 많은 사람과 만나고 헤어지고를 반복해왔다. 계속 그래왔고 앞으로도 그럴 것이다. 곰곰이 떠올려보자. 미련이 남거나 아쉬운 사람이 있는가? 떠오르는 누군가 있다면 연락과 만남에 최선을 다하지 않은 것이다. 인간관계가 그렇다. 우연처럼 만나게 된 사람을 운명 같은 인연으로 만드는 방법은 자주 연락하고 자주 만나는 것뿐이다.

고맙다는 한마디면
충분하다

나는 소소한 선물을 잘하는 편이다. 서로가 즐거웠으면 해서다.
가끔은 길 가다가 마주친 꽃 한 송이로도 행복한 우리니까. 주로
명절이나 기념일을 맞아 친한 사람에게, 오랜만에 만나 반가운 지
인에게, 일 처리를 도와줘 고마운 동료에게, 개인적으로 좋은 일을
맞이한 친구에게, 과제를 완수한 학생들에게, 때로는 뜬금없는 타
이밍에, 아무 이유 없이도 전한다. 민망할 만큼 작은 것들이지만
내 진심이 통하기를 바라는 마음도 싣는다. 이때 상대방의 반응이
제각각인데, 끝맛이 깔끔하기도 찝찝하기도 하다. 내 마음에서 전
자는 Go, 후자는 Stop을 하게 된다. 한마디로 전자에겐 다음에도
선물을 주기 수월한데, 후자에겐 선뜻 용기가 나지 않는다. 진짜

마음을 헤아리기 어려울 때도 있다. 이런 적도 있다. 모두 한 친구
와의 일화다.

　"곧 명절이잖아. 너 김 잘 먹어서 샀어."

　"뭘 이런 걸 다. 우리 집에 김 많아."

　"아, 그래? 유통기한 넉넉하니까 오래 놓고 먹어."

　"고마워. 앞으론 빈손으로 와."

　"생일 축하해. 핸드크림이야. 혹시 몰라 교환권도 넣었어."

　"오늘 이것만 세 개 받았다."

　"어머, 그럼 바꿔도 돼."

　"나 바꿀 시간 없는데, 암튼 고마워. 앞으론 진짜 안 사줘도
돼."

　"서로 생일 때 아무것도 챙기지 말자고?"

　"서로 축하는 해줘야지. 곧 네 생일인데 뭐 갖고 싶니?"

　친구는 비난하자는 게 아니다. 좋은 사람이다. 다만 선물이나
축하를 받을 때 수년간 같은 패턴의 반응을 보여주고 있다. 본인
은 나에게 수십 배 더 해주면서도 정작 자기가 받을 때는 늘 사양

한다. 그 친구가 언젠가 고민을 털어놨다.

"진이야, A 팀장님 알지? 내가 생일마다, 명절마다 집으로 선물 보내는 분."

"알지. 너랑 죽이 잘 맞는다며."

"지난주에 나 집들이했거든. 빈손으로 온 거 있지. 내가 뭐 가져오지 말라고는 했지. 그래도 지금껏 나한테 받은 게 있는데 좀 그렇지 않아?"

"그러게. 좀 심했네."

"그동안 팀장님이 선물을 주거나 축하해줄 때마다 너무 민망해서 손사래를 쳤는데, 그게 잘못됐나? 멋쩍어서 그러는 건데. 내가 받는 게 익숙하지 않아서."

친구가 서운할 만하다. 우리의 인간관계에는 암묵적인 규칙이 존재하는 법이다. 논문으로 명증된 이론은 아니어도 서로가 지켜내야 하는 것 말이다. 이를테면 'Give and Take'처럼 하나를 주면, 하나를 받아야 한다는 암묵적인 규칙 말이다. 아니, 이렇게 계산적으로 가지 않아도 된다. 여러 개를 주면 하나는 받아야 서로 편한 관계가 유지될 수 있단 의미 정도로 생각하면 된다. 친구가 A

팀장에게 기필코 무언갈 받아야겠단 심산은 아닐 것이다. 서로의 마음을 주고받을 수 있는 작은 선물은 이사한 집에서 특별한 날에 받고 싶었을 텐데, 늘 받는 것이 익숙하지 않다는 내 친구에게 조심스럽게 한마디 건넸다.

"친구야. 물론 축하를 받거나 선물을 받을 때는 민망할 수도 있어. 그렇지만 일단 준비한 사람의 정성과 성의도 있으니 고맙다는 말부터 하면 어때? 나도 선물할 때 툴툴거리며 어색해하는 사람보다는 고맙다며 잘 받아주는 사람이 좋더라."

"노골적이잖아. 뭘 바라는 사람 같고. 이상해."

"정말 고마울 때는 진심으로 감사의 인사를 전하고, 선물이나 칭찬이 민망할 만큼 과할 때는 정중하게 거절하면 되지. 그래야 상대방 마음도 헷갈리지 않을 것 같아."

"그럴 것 같기도 하네."

"축하해요. 잘됐네요. 잘하네요"라는 칭찬에 "아니에요"만 연발하고 있는가? 선물에 늘 "뭘 이런 걸 다 준비했어. 안 줘도 되는데"라며 손사래만 치고 있는가? 모두 진심인가? 진짜 고마운 상황에는 차라리 기쁘게 받아주는 게 낫다. 축하한단 인사든, 정성을 담은 선물이든, 주는 쪽은 용기를 내서 주는 것이기 때문이다. 받는 쪽의 고맙단 화답에 안도할 것이다. 무언가를 주고받길 좋아하는 나로서는 이 과정에서 순수한 마음을 지키기 위해 애쓰고 있다. 동시에 내 마음이 누군가에게 빚으로 해석이 될까 우려도 된다.

"고맙습니다."

한마디면 충분하다. 사양하며 손사래를 치는 것보다는 주는 쪽에서는 본인의 마음을 보상받는다는 느낌이 들 것이다. 그리고 바로 응답할 게 분명하다.

"고맙게 받아줘 제가 더 고마워요."

'다음'을 기대하는 말을
전하라

지속 가능. 나는 이 네 글자가 좋다. 계속 이어갈 수 있다는 기대에 흥분이 되고, 다음에도 기회가 있단 여지에 안도가 된다. 늘 지속 가능 뒤에는 수많은 대명사가 따라붙는다. 지속가능 경영, 지속가능 소비, 지속가능 관광, 지속가능 개발 등 셀 수 없이 많다. 언젠가는 '지속가능 대화, 지속가능 소통, 지속가능 관계'란 단어도 쉽게 검색될 날을 고대한다. 이때 필요한 마음가짐이 있을까? 시간, 장소, 상황, 사람, 주제에 따라 펼치자면 끝이 없다. 그렇더라도 모두에게 적용할 만한, 알아둘 만한 게 하나 있다. 바로 '미래를 그릴 수 있는 여유'다.

나의 '다음'을 묻는 사람이 내 옆이든, 내 앞이든, 내 곁이든, 어디든 있다면 그는 내게 좋은 사람이다. 나를 위해주는 사람임이 분명하다. 그러니 나의 '다음'을 물어봐주는 것이다. 그렇게 질문을 받은 나는 계획 이상의 상상을 하기 시작한다. 아이디어가 샘솟기도 하고, 해결책을 찾기도 하고, 대안을 모색하기도 하고, 부족한 부분을 채우기도 하고, 실수한 걸 고치기도, 잘못한 것을 반성도 하고, 못난 마음을 다잡을 수도 있다. 포근한 엄마의 품처럼 여유를 가질 수 있다. 그리하여 다음을 그릴 수 있다.

"다음이 더 기대됩니다."

"다음 프로젝트도 있나요? 어떤 건가요?"

"다음에는 이렇게 하면 어떨까요?"

"다음에 훨씬 잘할 수 있어요."

"다음이 더 특별할 거예요."

"다음에도 제가 응원하겠습니다. 잘할 수 있어요."

이런 말을 다른 사람에게 건네본 적 있는가? 우리는 과거를 통해 현재에 이르렀고, 현재를 통해 미래를 꿈꾼다. 빨간펜 선생님처럼 찍찍 긋는 수정을 수도 없이 반복하고 있다. 맹목적인 신념

에 허덕여 나아가지 못하기도 하고, 제풀에 꺾여 맥을 못 추기도
한다. 그럴 때 나의 '다음'을 일깨워주는 누군가 덕분에 정신 차리
고 벌떡 일어서기도 한다. 무릎 탁탁 털고 다시 뛰는 운동회 장면
속 씩씩한 아이처럼.

언젠가 개성 강한 캐릭터로 사랑받는 배우 박정민이 토크쇼 프
로그램에 출연한 적이 있다. 본인의 미래를 함께 지켜봐주는 선배
의 한마디에 혹독한 무명 시절을 견뎌낼 수 있었다고 담담한 소회
를 밝히기도 했다.

"그 누구도 저한테 '열심히 해, 희망을 잃지마'와 같은, 미래를
기약하는 이야기를 해주는 사람이 없을 때가 있었어요. 그때 유일
하게 박원상 선배님께서 '너 내가 지켜볼 거니까 잘해라'라고 얘기
하셨어요. 그 말이 아니었으면 중간에 포기했을 거예요. 굉장히
힘이 되는 말이었습니다. 누군가가 나를 지켜봐준다는 건 진짜 고
마운 일이니까요."

살다 보면 나의 미래에 확신이 없을 때가 있다. 자격지심, 열
등감을 비롯한 못난 마음에 사로잡혀 휘둘리는 시기가 있다. 계속

되면 부정적인 감정이 말과 태도에 드러나는 냉소적인 사람이 되어버린다. 정도가 심해 뿌연 안경을 쓴 사람처럼 비틀거리기도 한다. 그때 쓱쓱 안경알을 닦아주며 나의 미래를 물어봐주는 자가 있다. 어느새 선명해진 안경 덕에 한 발짝 두 발짝 걷다가 탄력받아 뛰고 있는 나를 발견할 수 있다.

미래를 물어봐준 사람이 미리 정답을 일러주지 않아서 야속한가? 어리석은 마음은 거두자. 직접 고민하고 스스로 깨달은 자만 수긍할 수 있는 답안지이기에 공개하지 않은 것뿐이다. 하나 더, 나의 미래에 변수까지 고려해 속단하지 않은 것뿐이다. 오히려 나를 소중히 다뤄주고 아껴주는 마음을 고마워해야 한다. 아마 나의 성장을 기다려주고, 바라봐주고, 응원해주고, 인내해주는 고마운 자는 이미 긍정 신호를 보내오고 있을 것이다. '다음은?'으로 시작하는 지속 가능한 속삭임과 함께.

사과는 깔끔하게,
아무것도 보태지 말자

"미안하다는 말 한마디면 됐어. 넌 그게 없더라."

드라마 속 주인공이 이별을 고하며 마지막 한마디를 남긴다. 웬만한 로맨스 작품에 한 번씩은 등장하는 단골 레퍼토리지만 우리는 매번 공감한다. '미안하다는 말만 했어도' 하는 마음들. 살다 보면, 아니 살다 보니 이런 상황들을 꽤 마주하게 된다. 빗겨가면 참 좋으련만. 차라리 자동차 사고 합의금처럼 과실 몇 퍼센트, 수리비 얼마라고 책정해준다면 얼마나 좋을까 싶기도 하다. 단순히 누가 더 잘못했다고만 판정해줘도 고마울 판이다. 안타까운 건 대부분 인간관계 속의 일들은 과실자, 즉 잘못해서 사과해야 하는 사람이 각자의 해석에 따라 달라진다. 그래도 가끔은 선명하게 드러나는 경우가 있다. 다음 2가지 대화 상황을 보자.

상황 하나, 친구의 대화.

"아이는 엄마가 키워야 해. 옆집 아이는 부모가 맞벌이라 종일 어린이집에 맡기는데, 요즘 언어치료를 받는다고 하더라고."

"나도 맞벌이라 어린이집에 종일 맡겨. 그래도 우리 아이는 말 잘해."

"내 말은, 그 어린애를 저녁 8시, 9시까지 맡기는 사람들 말이야."

"나도 가끔 그래. 나 야근에, 남편 출장에, 부모님들도 외출 중이실 때는 어쩔 수 없어."

"…"

상황 둘, 동료와의 대화.

"지금 살고 있는 집, 자가예요? 전 3년 전에 무리해서 샀는데 잘한 것 같아요. 집값 많이 올랐어요. 일 열심히 해서 몸값 올리는 건 한계가 있어요. 집값 올리는 게 승자지. 부동산이 답이에요."

"아, 그래요? 전 아직 전세에다 출퇴근 거리도 멀어서… 부럽

네요."

"고생하지 말고 어서 집 사세요."

"저흰 아직 여력이 없어서요."

"그러지 말고 여기 이 앱에서 찾아보면…"

"아니, 말 끊어서 죄송한데요. 지금은 그럴 여유 없어요. 정말 생각 있을 때 조언 구할게요."

"…"

좋게 시작한 대화가 어쩐지 감정만 상하고 끝날 때가 있다. 때론 이상한 방향으로 와전돼 파국을 맞기도 한다. 경우에 따라서는 수십 년간 쌓아 올린 정이 한순간에 와르르 무너지기도 한다. 이때 최선의 선택은 '깔끔한 사과'다. '깔끔한'을 붙인 까닭이 있다. 얼버무리다가 말거나, 한참 뒤에 애매하게 사과하거나, 오히려 상대를 이상한 사람 취급하거나, 변명과 핑계를 늘어놓는 경우가 다반사이기 때문이다. 내 자존심 지키려고 잘못을 인정하지 않고 불편한 사이로 지내는 것보다는, 빨리 사과하고 만회하는 것이 낫지 않겠는가? 좋은 의도로 시작했지만 말실수를 하거나 자기도 모르게 강요한 것 같다면 깔끔하게 사과하면 된다. 요령이 있다고 한다면 다음과 같다.

요령 하나. 즉시 사과하자

마음먹은 즉시 실천에 옮기는 사과. 다음에 다시 꺼내서 긁어 부스럼을 만들지 않아도 되는 사과. 그 자리에서 하는 사과다. 악의가 없었더라도, 농담이었더라도, 상대방이 기분 나쁜 상황이었다면 예외는 없다.

요령 둘. 진심으로 사과하자

진심이 중요하다. 무표정하게 "미안해요"를 연발한다든지, 마지못해 "죄송합니다"를 내뱉는다면 소용이 없다. 진심이 아니라면 말투와 표정에 드러난다. 상대방이 바로 알아챈다. 심리학자이자 상담가인 게리 채프먼 박사는 저서 《5가지 사과의 언어》에서 사과의 언어에는 다섯 종류가 있다고 말한다. 정리하면 대략 이렇다.

제1의 사과, "미안해요"라는 유감 표명을 해야 한다. 감정적인 표현인 셈이다. 상대방에게 상처를 준 것에 대한 죄책감과 소통을 전하는 것이다.

제2의 사과, "제가 잘못했네요"라는 책임 인정이 있어야 한다. 쉽지는 않다. 이때는 나의 자존심도 어느 정도 내려놔야 하기 때문이다.

제3의 사과, "어떻게 해드리면 좋을지요?"라는 보상을 해야 한다. 피해를 입은 것에 대해서 보상이 필요할 때는 먼저 물어보는 게 좋다.

제4의 사과, '다시는 그러지 않을 거예요'라는 진실한 뉘우침이어야 한다. 자신의 마음에서 변하려는 결심이 느껴지게끔 말이다.

제5의 사과, "저의 사과를 받아주시겠어요?"라는 사과 요청으로 마무리한다.

마무리로 하나가 더 필요한데, 바로 '자기 자신에게 사과하기'다. 자신의 잘못에 대해서 스스로 미안하다는 사과를 하는 것이다. 그렇게 정서적인 마음도 안정을 찾을 수 있다. 돌아오는 길에 본인 머리를 쥐어박거나 이불 안에서 하이킥은 삼가자. 내 생각엔 제1의 사과부터 제5의 사과까지 쓰이는 경우는 큰 실수를 저질렀을 때나 해당되고, 나머지의 잔잔한 실수는 책임을 인정하고 사과의 마음을 전하는 것이 적당해 보인다.

지금은 종영한 〈아이콘택트〉란 프로그램이 화제였다. 특별한 사연을 가진 이들이 침묵 속에서 눈을 맞추며 진심을 전하는 콘셉트였다. 오랜 단절을 깨고 만난 사연자들. 수년 혹은 수십 년간 못 다 전한 이야기를 그 자리에서 다 전할 수는 없을 테지만 오랜 눈 맞춤 후에 "그땐 미안했어"란 한마디를 꺼내놓자 하염없이 오열하거나, 부둥켜안고 울기도 하고, 뜬금없이 웃음을 터뜨리는 그들의 모습이 이어졌다. 힘겹게 돌아왔구나 싶었다. 당시 사과 한마디면 됐을 것을. 명심하자. 한순간에 무너지기도 하지만 한순간에 일으킬 수도 있는 게 인간관계다. 또, 때마다 필요한 건 골든 타임 사수다.

요령 있게
말에 끼어드는 기술

방송인들은 말 끼어들기의 고수다. 특히 집단 토크쇼를 보면, 그 수많은 출연진 사이에서 한마디라도 거들기 위해 사활을 건다. 매일 방송 현장에서 말로 치고 빠지기 기술을 체득하고 있는 그들. 어쩌면 주목을 받아야만 살아남을 수 있는 입장이기에 숙명이자 목숨과도 같겠다. 우리도 주고받을 말은 많고 시간이 한계가 있을 때, 많은 사람 사이에서 중간에 말을 꺼내야만 할 때가 있다. 그럴 때마다 요령이 없어 답답했다면 방송인들의 말 끼어들기 기술을 살펴보자. 단, 이건 꼭 말을 끊어야 하는 특수한 상황에서만 써먹기를 바란다. 서로 나누는 대화는 끝까지 들어주는 미덕이 가장 중요하단 걸 잊지 말자.

1. '아제사'로 끊자

'아니 근데, 제가 봤을 땐, 사실은.'

앞 글자만 따서 만든 '아제사' 법칙. 한 예능 프로그램에서 개그맨 양세형이 '아제사'로 말할 기회를 얻고 있다는 웃지 못할 에피소드를 꺼냈다. 그는 진지했지만 옆에 출연진들은 폭소가 터졌다. 그런데 깊이 들어가면 꽤 일리 있는 기술이다. 시사나 토론 프로그램의 진행자를 본 적이 있는가? 그들 또한 아제사를 적극적으로 활용한다. 정해진 방송 시간 안에 패널들에게 공평하게 말할 기회를 줘야 하니 어쩔 수 없다. 특히 촌각을 다투는 생방송에서는 더 그렇다.

"아니 근데, 그 말은 이번 주제와 어긋납니다."
"제가 봤을 땐, 올해 국정 감사에서 이 사건이 화두가 되겠는데요."
"사실은, 이건 다음 이슈에서 다룰 내용입니다. 바로 넘어가죠."

이런 식으로다. 앞장에서 다룬 적 있는 '아니, 근데'는 말의 시작에 주의를 끄는 이음새이자 말의 중간에 화제를 바꾸는 도구가 된다. 나아가 본인이 말할 차례도 챙길 수 있다. 또 누군가 '제가 봤을 땐'의 말을 한다면, 우리는 어떻게 반응할까? 일단 저절로 시선을 두게 된다. 그 사람이 얘길 꺼내든 이유가 있을 테니 듣기 시작한다. 거기다가 나에게 필요한 내용이라면 몰입하며 수긍까지 하게 된다. 그렇게 마음도 동한다. 이걸 뇌과학에서는 '나와 유사한 걸 찾는 능력' 혹은 '자기 정당화 기능'이라고 일컫는다. 누군가가 갑작스럽게 말을 건넬 때, 그 얘길 꺼낸 까닭이 충분히 납득가면 내 뇌는 본능적으로 이해 기능을 발휘한다는 거다. 그럴 만한 근거가 있다고 믿고, 끼어들 수밖에 없던 상황도 그대로 받아주는 셈이다.

마지막으로 '사실은' 또한 이목을 끌기 쉽다. 숨겨져 있는 다른 내용을 말해줄 것 같아서 귀를 더 기울이게 만든다. 다만 그 내용이 이미 알고 있는 사실이거나 시시할 때는 지탄받을 게 뻔하다. 또 모른다. 허무개그처럼 느껴져 화기애애한 분위기를 자아낼 수도 있다. 그러니 '사실은'은 대부분 사람이 모를 만한, 몰랐을 만한, 알아야만 할 내용을 말할 때 쓰면 좋다.

2. 쿠션화법을 사용하자

"죄송한데요."
"잠시만요."
"실례지만…"

이렇게 충격을 완화해주는 쿠션과 같은 말로 부드럽게 끼어들어도 좋다. 직접적인 표현보다 완곡한 표현으로 미안함을 표해 상대방의 반감을 줄일 수 있다. 상대방이 협조해주면 말을 중간에 끊을 수밖에 없는 이유를 바로 대면 좋다. 주제와 완전히 어긋났거나, 말실수를 앞두고 있었거나, 갈피를 잡지 못해 방황하는 말하기가 계속되는 상대였다면 오히려 고마워할 수도 있다. 내가 말을 끊어줬기에, 그도 말을 정리해서 이어갈 수 있게 된다. 특히 이 요령은 여러 사람이 있는 자리에서 더욱 효과적이다. 잠시 손을 들고 쿠션화법으로 끼어드는 것이다.

개인적으로는 '말 끼어들기 기술'은 일의 현장에서, 시간이 없을 때만 적용했으면 하는 바람이다. 이외 일상의 상황에서는 끝까지 말을 들어주는 배려가 가득하길 고대한다. 내 주변에도 말을 끊는 게 습관인 친구가 있다. 내가 진지하게 말하고 있는데 키득 거리며 웃거나, 한창 얘기하고 있는데 자릴 옮기자고 하거나, 본인 이야기에만 열을 올리며 흥분하는 모습. 얄밉고 언짢다. 대화 패 턴이 늘 다음과 같다.

"나 우리 동네에서 새로 연 카페⋯"

"오, 거기 알아! 얼마 전에 가봤는데, 커피가 비싸고 맛없더라."

"아, 그래? 난 괜찮았는데, 거기 걸려 있는 그림들 봤어? 예쁘 지?"

"그랬나. 우리 점심 뭐 먹지? 점심 먹고 쇼핑도 가자."

모든 대화가 겉도는 느낌이랄까. 이제는 그 친구와의 만남 전 에는 '듣기만 해야겠네'라는 고까운 생각부터 앞선다. 돌이켜보면, 너무 편한 사이인 게 문제였던 듯하다. 친구는 배려가 부족했고, 나는 불필요한 말까지 꺼냈다. 인정한다. 그렇더라도 누구든 본인 이야기에만 심취해 있다면 그건 명백한 잘못이다.

자기 중심적인 말습관을 가지고 있는 사람들은 나의 무지가 상 대방에 대한 무시가 될 수도 있단 걸 알아채야 한다. 곁에 있는 자가 소중할수록 더 정신 차릴 때다. 그 누군가는 편한 사이에는 괜찮지 않겠냐고 반문할 수도 있다. 그러나 꼬아서 생각하면 신경쓰지 않는다는 의미다. 그러니 말을 끊는 심리 이면에 잊고 있던 기본 예의를 붙잡아야 한다. 사랑하는 가족, 피를 나눈 형제, 의리를 부르짖는 절친한 친구 사이와 같이 가까운 사이일수록.

요즘 들어 서비스 업계에서는 터무니없는 요구를 하거나 갑질을 일삼는 '블랙 컨슈머(Black Consumer)'보다는 친절한 고객에게 세심한 배려를 해야 한다는 자성의 목소리가 나온다. 귀한 자들에게, 의미 있는 자들에게 오히려 집중할 때란 뜻이다. 곰곰이 떠올리면, 꺼내는 말, 나누는 대화란 건 공식적인 순간보다 일상적인 상황에서 실수가 잦다. 왜일까? 서로에 대한 당연한 이해가 어느 순간 서운한 오해로 바뀌는 까닭이다. 100% 모든 게 다 용인되는 관계는 그 어디에도 없다. 근절할 방법은 단 하나. 그저 눈을 맞추고 끝까지 들어주는 것. 그뿐이다.

5장

성숙하게 감정을 다스리는 말

하루에 가장 많이 쓴 단어를
떠올려보라

퇴근길 카페에 들어간 A. 지친 몸과 마음을 달래줄 디저트를 시키려는 참이다.

"아이스 아메리카노랑 치즈 케이크 주세요."

"결제됐습니다. 감사합니다. 잠시만 기다려주세요."

"네, 죄송합니다."

"네?"

"아, 말이 헛나왔어요."

주문한 메뉴를 받아온 A. 씁쓸한 헛웃음이 나온다. 오늘 회사에서 있었던 일들이 떠오른다. 하루살이처럼 종종거린 순간순간들. 잔인할 만큼 버거운 사건의 연속이었다. 살면서 이렇게 깨져본 적이 있었나? 없었다. '그만둘게요'라는 말이 입 밖으로 튀어나올 뻔했지만 참았다. 2년 내내 준비해서 힘겹게 온 회사다. 적어도 1년은 버틸 각오로 왔는데 매일매일 만만치가 않다.

게다가 오늘 유독 힘든 이유는 죄송해야 했던 일이 모두 스스로의 실수에서 비롯했기 때문이다. 죄송하다는 말을 얼마나 많이 했는지 퇴근 후에도 연발하는 본인이 속상하다. 귀가해 샤워하며 다짐을 해본다. 업무에서 죄송한 일이 많다고 해서 일상에서 죄송한 사람이 되지 않기로. '죄송합니다' 이 한마디에 갇히지 않기로.

하루에 가장 많이 쓰는 말이 있는가? 분명히 있다. 그중에서 몇 가지는 나를 자책하는 말일지도 모른다. 그대로 두면 훗날 일상을 집어삼키는 괴물이 될 수도 있다. 그러니 못난 부분을 보듬고, 잘난 부분을 진정시키고, 아쉬운 부분을 채워주고, 더딘 부분에 액셀이 되어줄 단어를 쓰자. 나에게도, 함께할 너에게도. 거칠게 말하면, 말 한마디로 살 수도 죽을 수도 있는 우리다. 팍팍하고 희망이 없어 힘 빠진 순간이 있는가? 반대로 구원받아 탄력을 받은 순간도 있는가? 말 한마디로 얼마든지 만들어낼 수 있다. 싱싱한 과일 안에 썩은 과일을 두면 함께 썩는다. 썩은 과일을 미리 빼내듯, 나를 좀먹는 단어를 빼내자.

인정, 칭찬, 독려, 배려, 힘, 에너지, 시너지, 행복, 가치, 의미, 건강, 특별, 성장, 발전, 구현, 가능성, 가족, 친구, 커피, 산책, 햇살, 유머, 책, 영화 그리고 나. 맥락도 없이 써보는 내가 좋아하는 단어들. 쓰자면 끝도 없다. 쓰는 동안 빙그레 웃게 되는 건 왜일까? 기분이 나아져서다. 이 마음을 연료 삼아 또 다음을 살아낼 힘을 얻는다. 박노해 시인의 시 〈너의 어휘가 너를 말한다〉 마지막 구절을 읊조려본다.

나의 말씨가 나의 기도다.
나의 글월이 나의 수호자다.
나의 문맥이 나의 길이 된다.
나의 어휘가 바로 나 자신이다.

이제 나의 단어를 바라보자. 나를 위하고 있는가?

부정적 감정은
긍정적 말로 반박한다

어깨를 툭 치듯 나를 건드리는 상대가 왕왕 있다. 그가 일부러 그러는 건지, 내가 예민한 건지 판단이 서지 않을 때는 일단 기다리는 게 맞다. 만날 때마다 계속된다면 저지해야만 한다. 받아들여졌다고 착각에 빠진 상대에게 보란 듯이 똑같이 갚아주는 건 유치하다. '쟤가 욕했으니 나도 해야지. 쟤가 때렸으니 나도 보복해야지'와 같은 마음가짐은 접어두자. 서로에게 좋을 게 없다. 끝맛이 씁쓸해진다. 그럼 어떤 모습으로 대응을 해야 할까? 어렵지 않다. '미운 놈 떡 하나 더 준다'란 지혜를 발휘해보는 거다. 얼음장같이 차가운 말을 핫팩처럼 온기 가득한 말로 덮는 내공의 소유자가 되는 것이다.

"이번에 승진했다며? 근데 올라갈수록 스트레스나 받지. 연봉은 얼마나 올랐어?"

"축하해주는 거 맞지? 고마워. 연봉은 받을 만큼 받아. 넌 요즘 어떻게 지내?"

상대방이 선을 넘으려고 하는 순간에 흥분하지 않고 미소로, 우아한 목소리로 대해보자. 겉으로는 '흥' 하며 쌀쌀맞게 공격하는 상대를 '그래' 하며 미소로 받아주는 외유내강의 기세로 대하면 된다.

"머리가 너무 빠지는데요? 이러다 대머리 되겠어요. 샴푸 그냥 시중에 파는 거 쓰시죠? 거기엔 탈모 예방 기능이 없어요. 머리만 뻣뻣해져서 안 쓰는 게 낫죠. 우리 미용실 샴푸 추천해드려요? 할인 혜택도 있어요."

"걱정해줘서 고마운데 오늘은 커트랑 염색만 할게요. 탈모는 관리해보고 필요하면 얘기할게요."

호락호락하지 않게, 숙이고 들어가지 않는다. 상대방은 생각 없이 싸지른 본인의 가시를 되돌려받을 수밖에 없다. 본인을 안전하게 지키며, 상대방을 은근하게 차단하는 것이다. 책 《나를 지키는 관계가 먼저입니다》를 쓴 영국 공인심리치료사 안젤라 센은 인간의 소통 방식을 4가지로 나눈다. 상대의 공격을 허용하고 무조건 맞춰주는 '수동적 연두부형', 자기 주장만 내세우고 상대를 무시하는 '공격적 불도저형', 우회적으로 상대를 혼란스럽게 만드는 '수동공격적 돌려까기형', 마지막으로 내 무게 중심을 단단하게 잡고 제대로 대응하는 '건강한 단호박형'. 사람들의 소통 방식을 칼로 무 베듯 4단계로 나누기는 무리가 있지만 우리의 일상 속 소통 패턴을 알고, 참작할 만하다.

참고로 나는, 수동적 연두부형에서 건강한 단호박형이 되기 위해 안간힘을 쓰는 중이다. 과거에는 눈치를 보며 이리저리 맞춰주는 유형이었다. 어느새 남에겐 좋은데 나에겐 나쁜 사람이 되어 있는 내 모습을 발견하고 안 될 일이지 싶어 손톱만큼 남은 용기를 냈다. 그리고 마음속으로 3가지 조건을 내걸었다. 첫 번째, 잠수를 타는 회피형 인간이지 말 것, 두 번째, 사이다식 보복형 인간이지도 말 것, 세 번째, 관계를 지키되 나를 지키는 게 우선일 것.

부정적 말은 긍정적인 말로 대차게 대응해보자. 누군가가 비꼬는 상황이라면 제대로 말해주길 요청하고, 납득되지 않는 상황이면 이해를 시켜주길 요청하고, 잘못된 언행은 사과를 요청하면 그만이다. 이때 예의 바른 태도와 차분한 미소가 함께라면 더할 나위 없다. 주변에 사람들이 많다면 따로 조심스럽게 물어도 좋다. 그조차도 용기가 나지 않는다면 글로 전하는 것도 방법이다.

우리는 감정 공유의 대상자이다. 모두에게 보편적으로 찾아오는 수백, 수천 가지 감정들을 어른스럽게 나눌 수 있는 우리이길 소망한다. 다만 처음부터 잘못된, 시작부터 날이 선, 대놓고 공격하기 위한 말은 문제가 있다. 손을 봐야 한다. 원인 규명이 필요하다. 건물을 지을 때 지지대가 튼튼해야만 견고하게 쌓아갈 수 있는 것처럼, 대화를 시작할 때도 말의 씨앗이 건강해야만 지속할 수 있다.

감정을 나누는 시작점에 부정적 말들이 불편하게 이어질 기색이 역력하다면 초장부터 가지치기하는 게 낫다. 그래야 말썽 없이 흘러갈 수 있다. 안 된다면 삐거덕거리다가 고장이 날 게 뻔하다. 혹 손을 봐도 감당이 안 된다면 놔두자. 애초에 내가 제어할 수 있는 영역이 아니었던 거다.

마지막으로 할 게 남았다. 내가 나를 칭찬하는 시간을 가져보자. 두근거리는 마음을 부여잡고 애쓴 나를, 화내지 않고 정신을 부여잡은 나를, 나비가 되어 포옹해보자. 어깨를 잡고 토닥이는 손길 끝에 나지막이 읊조려 봐도 좋다.

"괜찮아. 잘했어. 수고했어."

나를 힘들게 하는 말들은
반드시 지나간다

나는 운이 좋았지.

스친 인연 모두 내게 많은 것들을 가르쳐줬으니.

가수 권진아의 〈운이 좋았지〉라는 노래 가사 일부다. 정녕 노래 속 주인공은 운이 좋은 사람일까? 이별의 고통을 담담하게 받아들이는, 몸에 일부분이 빠져나간 사람처럼 처연한, 가사 속 말들. 조합하면 운이 좋은 사람은 아니다. 그러나 막연히 알겠다. 어려운 시공간을 좋은 말들로 덮어 내려는 꿋꿋한 마음가짐을 지닌 자다. 그래야만 지금을 버텨낼 수 있으니.

시릴 만큼 아플 때 흔들리지 않는 존재가 있을까? 아무 일도 없던 것처럼 묵묵하게 지내는 모습이 오히려 문제가 있다. 괜찮은 게 아니라 이 악물고 있을 테니까. 그러다 혹 부러진다면 더 심각해질 수 있다. 문제가 하나 더 있다. 때마다 만나는 사람들의 이야기도 아프다. 상대가 악의가 있거나, 심보가 못됐거나, 일부러 딴지를 거는 게 아님에도 알알하고 괴롭다면 어찌해야 할까? 숨는 게 최선일까? 산속 깊이 들어가 종일 울어야 할까? 땅을 파고 들어가 숨죽여 지내야 할까? 잠시만 도움이 될 뿐이다. 극도의 방어기제는 최악의 도피처가 되어버린다. 갈수록 내 처지가 선명해져서 괴로워진다.

이렇게 마음이 힘들 때는 조금 쉰다고 생각해보자. 그렇게 나아져 보자. 몸과 마음을 능동적으로 움직여보자. 아픈 시간 사이에 박히는 아픈 말들은 영원한 게 아님을 미리 인지하자. 받아들이기 쉽지 않아도 '그러려니' 지나가자. 어이가 없다면 '피식' 웃어도 보자. 어지러운 마음이 갈수록 느슨해지도록. 그 틈 사이가 안정적인 기운으로 은은히 채워지기 시작할 무렵이 찾아온다. 본격적인 회복 지점이다.

안정적인 기운은 저절로 샘솟지 않는다. 피곤한 몸에 아로마 오일을 한 방울 떨어뜨리듯, 힘든 말들을 좋은 말들로 덮은 공이 크다. 그 공력이 더해져 탄력을 받으면 '괜찮을 거야'가 아닌 '괜찮아졌어'에 다다른다. 〈운이 좋았지〉의 '이젠 웃어 보일게. 긴 터널이 다 지나가고 단단한 마음을 갖게 됐으니'라는 다른 소절처럼 다 지나간다. 힘든 시간도, 힘든 말들도. 지금이 싫어서 도망친 곳에 천국은 없다. 한심한 나만이 남을 뿐이다. 반면 현재가 힘겨워도 버티는 곳에 낙원은 있다. 스스로 좋은 말을 깔아놓은 덕택에 순간을 달래다 보면 하루가 편안에 이른다. 질곡의 시간 전후의 나는 달라져 있다. 한 뼘, 두 뼘 성장한 끝에 다음을 기약할 힘도 차오를 것이다.

표정을 통해
감정이 전염된다

"잘 웃고 긍정적인 감정을 드러내는 사람이 '삶의 만족도'가 높았습니다."

정서 연구로 유명한 대처 캘트너 교수는 미국 캘리포니아의 한 여대의 학생들을 대상으로 추적연구를 진행한 적이 있다. 당시 대학 졸업앨범을 찍은 학생 141명의 30년 동안의 일상, 건강 상태, 가족관계, 사회생활, 인간관계, 사회적 성취 등을 살펴봤는데, 졸업앨범 사진에 담긴 표정과 근 30년의 인생이 무척 닮아 있었다. 사진 속에서 활짝 웃는 얼굴이었던 사람은 전반적인 삶의 만족도가 높았고, 무표정한 사람은 정반대였다. 특히 인간관계에서 큰 차이를 보였다는 점에 주목하자면 역시 잘 웃고, 밝고, 환하고, 긍정적인 사람은 누군가를 끌어당기는 마력이 있다는 것을 다시 한 번 확인할 수 있다.

주변을 보면 운 좋은 사람들이 있다. 스스로 인정도 한다. 특히 좋은 일이 있을 때마다 곁에서 도와준 사람들 덕택이라고 치켜세운다. 나는 이 모든 게 긍정적인 에너지 덕분이라고 확신한다. 그들은 자신이 바라는 모습을 머릿속으로 그리면서 구체적인 언어로 말하고, 활기찬 표정으로 실천한다. 행복한 일을 찾아 헤매기보다는 직접 만들어낸다. 이렇게 의욕적이니 심신이 건강해 힘찬 기운이 얼굴에 실리는 건 당연하다.

실제로 마음이 즐거울수록 면역력을 높이는 쾌락 호르몬이 분비되고, 바로 활기찬 미소가 생성된다고 한다. 이처럼 매력적인 모습에 누구든 반할 수밖에 없다. 저절로 친해지고 싶은 사람들이 모이니 인기쟁이로 등극하는 건 순식간이다. 분명 그 사람들과의 관계 속에서 시너지가 발현돼 운이 깃들었을 것이다. 그러니 운 좋은 사람이란 선택받은 소수가 되는 것이 아니라 선택하는 다수가 될 수도 있는 것이다.

이 일련의 과정을 내분비학에서는 호르몬 변화로 증명해오고 있다. 실제로 '나는 어리다'라고 말하면 청각을 통해 들어온 언어가 다시 몸속으로 스며들어 젊음을 표현하게 된다. 체내에서는 유익한 호르몬이 분비되어 실제로 건강해진다. 또, '나는 해낼 수 있다'라고 말하면 문제가 있어도 해결책을 찾게 되어 눈에 생기가 돌지만 '나는 가망이 없어'라고 말하면 뇌가 노력을 멈추고 표정도 굳는다. 뇌가 빈틈없이 언어를 읽어내고 바로 표정으로 반응하는 이 시스템은 평생 작동한다. 물론 우리의 노력이 절실하다. 의식적으로 좋은 말을 해서 긍정적인 표정을 구현할 수 있어야 한다. 자동장치를 원활하게 만들어낼 수 있도록 말이다. 내가 뱉은 말과 내가 지은 표정이 곧 내 인생임을 잊지 말자.

앞으로 여유를 가지고 웃어보자. 좋은 일이 있어서가 아니라 좋은 일을 만들기 위해서다. 긍정적인 마음이 씨앗이 되어 행복이라는 새싹이 움트고, 행운이라는 열매가 만들어질 때까지. 어쩌면 환한 미소는 가벼운 습관이 아닌 묵직한 장인정신에 가깝다.

나를 평가하는 말들에
무뎌지자

나는 좋은 사람이 되고 싶었다. 괜찮은 사람이 되고 싶었다. 10에 10은 다 수긍할 만한 사람이 되고 싶었다. 한마디로 완벽한 사람이 되고 싶었는데 그게 내 발목을 잡았다. 고백하자면 나는, 순수한 배려주의자가 아닌 불순한 평가주의자였다. 남들에게 잘 보이려 이리저리 치이던 어느 날, 나에게 남은 게 무엇인지 따져봤다. 아무것도 없었다. 하루에도 열두 번은 만나는 사람들, 생각이 열두 번은 바뀌는 사람들을 감당할 재능은 없었다. 용기는 줄고, 겁은 늘어난 나를 발견하니 부끄러웠다. 결국은 내가 원하는 좋은 사람이란 건 스스로에게 만족스러운 사람이란 걸 깨달았다. 그래야만 남들에게도 괜찮은 사람이 될 수 있겠다 싶었다.

마침내 나를 원점으로 돌렸다. '내 방식대로의 삶'이라는 나만의 슬로건을 세웠다. 내가 만족해야 다른 이들에게도 이로울 수 있단 결론을 내렸다. 평가에 예민한 나의 성향이, 남들에게 휘둘리는 나의 모습이, 좋은 사람이 되는 데 도움이 되지 않았다. 스스로의 시선에 매몰되지 않도록 소중한 이들의 의견은 참작하는 정도까지만 했다. 평가자의 눈치를 보는 모습이 아닌, 조언자의 견해를 듣는 모습 정도로 말이다. 그렇게 평가와 관계에 무뎌지기로 했다. 그러니 새로운 영역에 대한 확장이 두렵지 않았다.

"사람들이 뭐라고 할까?"

"친구가 놀리지 않을까?"

"미덥지 않은 도전이라고 비웃지는 않을까?"

"결과가 안 좋으면 어쩌지?"

모두 뻥 걷어찼다. 그리고 남들의 평가에 갇혀서 하지 못한 것들을 하나둘 건드려봤다. 어느 순간 모험이라고 여겼던 일들을 실행하는 마법의 순간들이 펼쳐졌다. 끊임없는 실행이 답이었던 것이다. 기우했던 이들도, 곁눈질하며 쳐다보던 이들도, 인정하기 시작했다. 어느새 잘한다, 못한다를 떠나서 "계속하니 다르네"라는 평가가 들려왔다. 내가 그토록 바랐던 좋은 사람, 괜찮은 사람이 되어가고 있었다. 하나부터 열까지 챙기려던 마음을 비우고, 남의 말과 평가에 더 이상 일희일비하지 않고, 오롯이 나에게 몰입하고자 한 순간들이 만들어준 산물이었다. 손에 꽉 쥔 모래보다 손에 느슨하게 쥔 모래가 더 많이 담기듯 한발 물러나서 살피는 게 답이었던 셈이다.

내 인생도, 내 일상도, 내 업무도, 내 공부도, 내 사업도, 내 도전도, 내 인연도, 어떻든 내 영역을 타인의 눈칫밥을 먹게 하는 건 반성할 일이다. 사람의 마음은 항구적이지 않다. 심지어 내 마음도 영원하지 않다. 가령 중요한 판단을 할 때 다른 사람의 의견을 전적으로 믿었는데, 그는 전혀 기억하지 못할지도 모를 일이다. 지금의 내가 아니라고 여기는 일이 몇 년 뒤에는 맞을 수도 있다.

그러니 스스로 믿고 꾸준히 해보자. 과거를 통해 현재가 되었으니, 이제는 현재를 통해 미래를 만들자. 지금까지 한 일은 결과물일 뿐이다. 앞으로 할 일은 빛나는 다이아몬드다. 그러니 잘하거나 못하거나 성공하거나 망하거나는 문제가 되지 않는다. 나 아닌 사람의 평가에서 벗어나야 앞으로 갈 수 있다. 다만 도움이 될 만한 타인의 지적은 따끔하게 참고해 자양분 삼자. 똑똑하게 취할 건 취하고, 뺄 건 뺀 덕에 무럭무럭 자라날 수 있다. 마침내 내가 주인인, 나만의 서사를 펼칠 수 있게 된다.

내 삶을 단단하게 하는 말들을
기억하자

'말하긴 쉽다는데 행동으로 옮기기 전에, 실천하기 전에 말해도 될까?'

　조심스러움 반, 의심스러움 반이 담긴, 어린 날 내 생각이다. 어린 시절, 친구와 꿈에 관한 이야기를 나누곤 했다. 불확실성만이 가득했지만 그래도 진심 하나만은 확실했다. 열심히 해보자며 '아자아자'를 외치던 파이팅이 넘치는 추억들이다. 오랜 세월이 흐른 지금, 우리가 말하던 '그대로'는 아닐지라도, 각자가 바라던 방향으로 인생을 살아가고 있다.

입 밖으로 내뱉는 말의 힘이 놀랍다. 머릿속에서 맴돌던 생각과 바람들을 말과 글로 펼쳐보고, 그 과정을 거쳐 구체적인 언어로 표현된 꿈과 포부는 무한한 힘을 지녔다. 나도 모르는 사이에 몸을 움직여 나아가게 만든다. 행동으로 옮기기 전에 말하길 조심할게 아니라 행동으로 옮기기 전에 말해야 했다. 하길 잘했다. 내가 하는 말들이 인도해준 길을 따라 서서히 움직이니 도착지에 이를 수 있었다. 방향을 잃거나, 넘어지거나, 더뎌도 괜찮았다. 때마다 피어오르는 '말의 기운'들이 나를 에워싸 지켜주었기에. 보이지 않아도 실로 대단한 힘이 있다.

하루의 말이 하루의 나를 만든다. 하루, 한 달, 일 년, 십 년, 그렇게 백 년이 됐을 때 내뱉는 말에 따라 다른 인생을 살아냈으리. 비로소 '나'를 만든 건 '나의 말'이란 걸 빨리 알아채길 바란다. 이 과정에서 내 생각을 다듬고, 타인의 생각을 곱씹고, 우리의 관계에 조화까지 이를 수 있다. 유연한 마음씨는 덤이다.

말은 스며들 듯 흐름을 타는 게 중요하다. 때론 보이는 것보다 보이지 않는 게 중요하다. 더러는 내려놓음과 내어줌의 연속이 될지도 모른다. 단, 하나는 약속할 수 있다. 할수록 나아지고, 갈수록 행복해질 것이다. 말 안에서 단단해진 내가 말 앞에서 흔들리는 누군가의 버팀목이 되어줄 수도 있고, 말 안에서 굳세진 내가 말 안에서 두근거리는 기대와 황홀한 안도감에 다다를 수 있다. 나, 너, 우리에게 옳다.

　하고 싶은 말, 듣고 싶은 말, 이루고 싶은 말, 뭐든 좋다. 기록하고, 말해보자. 하는 만큼 진해지고 깊어져 우리의 인생을 터줄 테니. 오감 가득한 기분 좋은 감정, 훈기 가득한 소중한 이들의 이야기, 애정 가득한 나만의 이야기를 펼쳐서 말해보고, 꼭 안아 저장도 하자. 이 귀한 노력 덕에 말하는 대로 이뤄가는 삶을 살아갈 수 있다. 고로 내 인생은 내가 하는 말이 만든다.

어른의 말습관

초판 발행   2024년 3월 25일

지은이   김진이
펴낸곳   다른상상
등록번호   제399-2018-000014호
전화   02)3661-5964
팩스   02)6008-5964
전자우편   darunsangsang@naver.com
ISBN   979-11-93808-00-9 03190

독자 여러분의 책에 관한 아이디어나 원고 투고를 설레는 마음으로 기다리고 있습니다.
이메일로 간단한 개요와 취지, 연락처를 보내주세요. 독자님과 함께하겠습니다.